Die magische

Kohlsuppe

starke Abwehrkräfte

Satt, gut gelaunt und voll Power – die magische Kohlsuppe macht das Abnehmen leicht und rundum lecker. Prima Nebeneffekt: Ihr Körper wird entgiftet und entschlackt. Lassen Sie sich verführen zu sieben Tagen mit köstlicher Suppe und Diätprogramm, Atemübungen, Muskelworkout und hilfreichen »Zauberformeln«.

Der US-Diät-Hit: Magic Soup

Die magische Woche

77 magische Tipps

Der US-Diät-Hit: Magic Soup

Wunderpillen gibt es nicht – aber Zauberei ...

Diese Suppe kurbelt den Stoffwechsel an, Sie verbrennen Fett – ohne zu hungern. Darum kochen auch Prominente immer wieder Kohlsuppe auf, wenn sie die Pfunde dicke haben und schnell und unkompliziert abnehmen wollen.

DAS GEHEIMNIS SCHLANKER PROMIS

Wenn die Pfunde drücken, kocht Ex-»007« Magic Soup auf: Sean Connery löffelt sich für den Golfplatz den Bauch weg. Auch wenn TV-Star Birgit Schrowange wieder in ihr kleines Rotes passen will, schnipselt sie Kohl, Tomaten, Zwiebeln und Sellerie – für eine Magic-Soup-Woche. Es heißt sogar, Kate Winslet habe sich kohlsuppenmäßig für den Kinofilm »Titanic« schlank gelöffelt.

Wer hat die Suppe ausgekocht?

Models in aller Welt flüstern sich hinter dem Laufsteg das Rezept zu. Niemand weiß so recht, woher es stammt, ob von der berühmten Mayo-Klinik in den USA oder von kalifornischen Herzspezialisten. Man weiß nicht einmal, wie alt das Rezept ist, ob 15 oder sogar 30 Jahre. Jedenfalls empfehlen auch Ärzte bei uns die magische Kohlsuppe – zum Abnehmen und zur Stärkung des Immunsystems. Sicher, eine Blitzdiät ist nicht die endgültige Lösung für Figurprobleme. Doch die magische Kohlsuppe erleichtert den Einstieg in ein neues schlankes Leben. Denn egal, wer dieses Süppchen ausgekocht hat, es ist leicht nachzukochen, wirkt – und schmeckt! Lesen Sie den Wochenplan ab Seite 20.
Übrigens: Nur die frisch gekochte Suppe ist magisch. Oder die aus der Tiefkühltruhe. Kohlsuppe in der Kapsel hat mit diesem Buch hingegen nichts zu tun.

DAS ORIGINAL-REZEPT

1 Kopf Weißkohl
2 grüne Paprikaschoten
1 kg Möhren
6 große Frühlingszwiebeln
1 Bund Stangensellerie
1–2 Dosen Tomaten
1–2 TL Gemüsebrühe-Extrakt

› Gemüse putzen, in Stücke schneiden. Mit Wasser bedeckt aufkochen. Dann Hitze reduzieren, gar kochen. Die Suppe nach Belieben mit frischen Kräutern würzen. Nicht oder nur wenig salzen.

Die Original-Kur

An der Suppe kann man sich satt essen. Zusätzlich erlaubt:
1. Tag: Obst – alle Sorten außer Bananen
2. Tag: Alle grünen Gemüse und abends eine Kartoffel mit Butter
3. Tag: Obst und Gemüse, keine Kartoffeln
4. Tag: Drei Bananen und Magermilch
5. Tag: 1 Portion Hühnerbrust oder Fisch, sechs Tomaten
6. Tag: Steak, grüner Salat
7. Tag: Naturreis und Gemüse

Ab Seite 17 finden Sie die aktuelle Version für Gourmets!

EINFACH AUSLÖFFELN – SUPPE TAG FÜR TAG

Sie treten mit der Magic-Soup-Diät nicht nur den Kampf gegen überflüssige Pfunde an, Sie entschlacken und entgiften auch Ihren Körper. Deshalb sollte Ihnen von vornherein klar sein: Sie können in den sieben Tagen keine »kleinen Sünden« begehen, dort ein Brötchen und ein Stück Käse, hier eine Praline, da ein Glas Bier. Nun, sieben Tage heißt ja nicht »ein Leben lang«. Darben müssen Sie nicht. Die Rezepte der Star-Köche schmecken hervorragend. Und Sie werden sehen: Schon am zweiten Tag fühlen Sie, wie Körper, Geist & Seele danke sagen.

Was spricht für die Kohlsuppen-Diät?

› Sie verlieren bis zu fünf Kilo in sieben Tagen – natürlich nicht nur Fettgewebe, das ist kaum möglich, sondern auch überflüssiges Gewebewasser.
› Sie spüren, wie gut es tut, wenn Sie Ihren Körper mit Vitalstoffen verwöhnen, statt ihn mit E-Nummern (Konservierungsstoffe & Co.) voll zu stopfen.
› Sie stärken Ihre Abwehrkräfte.
› Sie tanken Energie.
› Sie bekommen vielleicht Lust, Ihre neu gewonnene Leichtigkeit des Seins weiter zu genießen – Ihre Ernährung auf schlank & gesund umzustellen (Seite 38).

Was spricht dagegen?

› Durch die Räume Ihrer Wohnung wabern hartnäckige Kohlaromen.
› Und auch Sie duften ein wenig nach Kohl.
› Diese Diät ist nichts für Kinder und Erwachsene, die aus medizinischen Gründen keine Diät halten sollten.

Achtung Flatulenz!

Kennen Sie das Buch (oder den Film) »Das Hotel New Hampshire« von John Irving? Eine wichtige Rolle spielt darin »Kummer« – ein Hund, der unter hochgradiger Flatulenz leidet. Und die Familie leidet mit. Buch und Film machten den medizinischen Fachbegriff Flatulenz populär: Endlich war ein Begriff da für eine Sache, über die man üblicherweise nicht spricht.
Um zur Sache zu kommen: Auch Sie könnte in diesen sieben Tagen das windige Leiden quälen. Sie – und Ihre Kollegen, Ihre Familie, Ihre Freunde … Denn Kohl ist mitunter der stärkste Flatulenz-Erreger, den es gibt. Dr. Schleicher rät in seinem Interview auf Seite 12, Kamillenblüten in die Kohlsuppe zu geben. Gourmets sollten die getrockneten Blüten vielleicht lieber separat als Tee zubereiten. Auch Kümmel- oder Fencheltee und regelmäßige Bewegung an der frischen Luft ersparen Ihnen Kummers Kummer: Blähungen.

Wiegen Sie zu viel?

Übergewicht gefährdet die Gesundheit – aber eine Diät am schlanken Körper auch. Berechnen Sie erst Ihren Body-Mass-Index (BMI), um herauszufinden, ob Sie zu viel wiegen (siehe Kasten rechts).

Muskeln oder Fett?

Woraus besteht Ihr Körper – aus Muskeln oder aus Fett? Das sagt Ihnen weder Ihr BMI noch Ihre Haushaltswaage. Doch das wäre wichtig. Sie können Größe 36 tragen und haben trotzdem Übergewicht. Weil sich mangels Muskeln Fett breit gemacht hat. Und Sie können Größe 44 tragen und strotzen vor praller, gesunder Üppigkeit. Alles Muskeln – und die sollten Sie nicht weghungern. Denn nur im Muskel wird in nennenswertem Maße Fett verbrannt.

Misstrauen Sie der Waage!

Erklären Sie in den folgenden sieben Tagen die Waage zur »falschen Freundin«, denn:

› Sie lügt: Die Waage misst Ihr Gewicht. Egal, ob das wertvolle Muskeln sind, aufgedunsenes Gewebe oder wabbeliges Fett.

› Sie ist hinterlistig: Denn ihr Zeiger geht möglicherweise nach oben, obwohl Sie Fett verlieren: Dann, wenn Sie Muskeln zulegen. Denn die sind schwerer als Fett. Darum kann die Waage kurzzeitig sogar mehr anzeigen.

› Sie ist gemein: Denn sie beeinflusst Ihre Laune. Machen Sie sich unabhängig von der morgendlichen Diktatur dieses seelenlosen Ungeheuers!

Trauen Sie Ihrem Gefühl!

Tasten Sie Ihren Körper ab, fühlen Sie, wie Pölsterchen verschwinden. Vertrauen Sie Ihrer Jeans, die Tag für Tag ein Stückchen »wächst«. Wer's nicht glaubt, legt ein Maßband um. Das kann mit Zentimetern nicht schwindeln.

Besorgen Sie sich eine Körperfettwaage, die über Leichtstrom den Fett- und Muskelanteil in Ihrem Körper misst. Auf diese dürfen Sie sich vor der Diät und am Morgen des achten Tages nach der Diät stellen. Sie sagt Ihnen genau, wie viel Sie von Ihren ungeliebten Fettpölsterchen verloren haben.

DER BODY-MASS-INDEX

$$\text{BMI} = \frac{\text{Körpergewicht (in kg)}}{\text{Körpergröße (in m)}^2}$$

Beispiel: Für eine 1,70 große und 65 Kilo schwere Frau beträgt der BMI
65 : (1,70 x 1,70) = 22,5

Wie sieht Ihr Wert aus?

› Unter 19: Sie sollten keine Diät machen.
› 19 bis 25: Wunderbar, Ihr BMI liegt im idealen Bereich.
› 25 bis 30: Leichtes Übergewicht. Mit der Kohlsuppe werden Sie ein paar Kilos los.
› Über 31: Deutliches Übergewicht. Sie sollten der Gesundheit zuliebe abnehmen. Sprechen Sie mit Ihrem Arzt.

MAGIC DIET – EIN KLEINER ÜBERBLICK

Mit der Kohlsuppe allein ist es natürlich nicht getan. Dazu gibt's auch noch andere Schlankmacher der Natur – eingepackt in ein ausgeklügeltes 7-Tage-Programm. Und natürlich bekommen Sie hier nicht die verstaubte Kohlsuppen-Kur von vor 30 Jahren vorgesetzt, sondern eine nach neuestem wissenschaftlichem Stand modifizierte Diät. Noch gesünder, noch wirkungsvoller.

Und so geht's

Sprechen Sie mit Ihrem Arzt, ob Sie diättauglich sind. Und nehmen Sie zu Ihrem Arztbesuch am besten dieses Buch mit.

Kohl à la carte

Kochen Sie sich alle zwei Tage einen großen Topf Kohlsuppe – nach Wahl. Probieren Sie die asiatische Variante von Starkoch Eckart Witzigmann, die mediterrane von Kolja Kleeberg oder die nordafrikanische von Christian Lohse. Die Rezepte der Starköche sind einfach nachzukochen.

Suppe satt

Von der Suppe dürfen Sie essen, so viel Sie wollen. Mittags, abends, zwischendurch – immer, wenn Sie Lust darauf haben. Die Kohlsuppe einfach im Kühlschrank aufbewahren, nach Bedarf heiß machen. Wenn Sie unterwegs sind, nehmen Sie sich eine Thermoskanne voll Kohlsuppe mit.

Kein Tage-wechsel-dich

Halten Sie sich strikt an die für die einzelnen Tage angegebenen Lebensmittel. Und an die Reihenfolge der Tage.

Viel trinken!

Trinken Sie reichlich, über Ihren Durst hinaus. Täglich mindestens drei Liter sollten es sein, stilles Mineralwasser, Kräuter- und Früchtetees. Mehr übers Trinken siehe Seite 22!

Wenn Starköche Kohlsuppe aufkochen, wird die Diät zum Genuss!

Plus Eiweiß

Morgens und nachmittags gibt es einen Eiweiß-Shake mit Eiweißpulver aus der Apotheke. Sie können die Drinks auch durch Molke(-pulver) oder Buttermilch ersetzen. Allerdings ist die Eiweißzufuhr dann niedriger.

Plus Atmen & Bewegung!

Jeden Tag sollten Sie dreimal Atemübungen machen, für 30 Minuten in Turnschuhen an die frische Luft gehen und zehn Minuten in Ihre Muskeln investieren.

Sieben Tage – und Schluss!

Machen Sie diese Diät nicht länger als sieben Tage. Wenn Sie nur wenig abnehmen wollen oder Ihren Körper entschlacken möchten, dann reichen auch drei Tage. Über längere Zeit schaltet Ihr Körper den Stoffwechsel herunter. Und Sie schaukeln mit dem Gewicht schnell wieder nach oben. Das kennen Sie unter dem Begriff Jo-Jo-Effekt.

Der ideale Termin

Beginnen Sie nie mit einer Diät, wenn Ihr Partner sagt: »Du könntest eigentlich mal abspecken.« Nein. Nur Sie selbst entscheiden über Ihren Körper und über Ihre Seele.

› Starten Sie, wenn Sie Lust haben, wenn Ihnen der Sinn nach Abnehmen steht. Und nicht, wenn in die Woche viele Termine und Feste fallen. Suchen Sie sich eine ruhige Woche aus. Vielleicht auch eine, in der Sie sich nicht, aus allen Poren nach Kohlsuppe duftend, um einen neuen Job bemühen.

› Ideale Zeiten, die der Terminkalender vorgibt: nach den Winterfeiertagen, wenn man bratenvoll und plätzchensatt ist. Und im Frühjahr, wenn der Stoffwechsel auf »schlank« steht.

› Wer an die Kraft des Mondes glaubt, wird mit Sicherheit spüren, dass es mit dem Abnehmen am besten klappt, wenn auch er in der abnehmenden Phase ist.

VITALSTOFFE GEGEN FETT

› Besorgen Sie sich ein gutes Eiweißpulver in der Apotheke. Denn Ihr Körper braucht Eiweiß, um Fett zu verbrennen. Wenn nicht 50–100 g Eiweiß täglich in der Nahrung stecken, nagt der Körper seine eigenen Vorräte und damit die Muskeln an.

› Vitamine und Mineralstoffe ackern im Energiestoffwechsel mit. Fehlen Vitalstoffe, bleibt das Fett auf den Hüften sitzen. Keine Sorge, bei der Kohlsuppen-Diät gibt's Obst und Gemüse, also Vitalstoffe, satt. Dennoch empfiehlt sich zusätzlich ein gutes Vitalstoff-Präparat. Das sollten Sie am besten mit Ihrem Arzt besprechen.

› Auch Fett war früher tabu. Heute nicht, es wird mit Oliven- oder Rapsöl gekocht. Ohne die essentiellen Fettsäuren bildet Ihr Körper keine Schlankhormone. Planen Sie täglich 2 bis 3 Teelöffel Oliven- oder Rapsöl ein und 1 Teelöffel Leinöl im Gemüsesaft.

DIE SCHLICHTE SLIM-MAGIE, DIE DAHINTERSTECKT

Die Magic Soup hat sich über Generationen als »Geheimrezept« von Kochtopf zu Kochtopf verbreitet – dank dem Fatburner-Effekt.

BLITZ-DIÄT – NEIN DANKE?

Wenn Sie Ihren Arzt fragen: »Ich will abnehmen, was soll ich tun?«, wird er Ihnen antworten: »Stellen Sie Ihre Ernährung um und nehmen Sie langsam ab. Jede Woche ein Pfund oder ein Kilo.« Damit hat er Recht. Denn um wirklich dauerhaft schlank zu bleiben, muss man lernen und fühlen. Lernen, gesund zu leben. Und fühlen, wie gut einem das tut.
Nur eines stimmt in dieser Rechnung nicht: Es fehlt der Faktor Geduld. Was passiert nämlich? Nix. Wenn nicht gleich die Pfunde fallen, wenn sich nicht direkt eine Wirkung einstellt, ist kaum ein Mensch bereit, seine eingefahrenen Ernährungsgewohnheiten aufzugeben.
Fazit: Eine Blitz-Diät ist nicht die endgültige Lösung für Figurprobleme. Aber die Kohlsuppe erleichtert den Einstieg in ein neues, schlankes Leben voller Energie und Fröhlichkeit.
»Schlanke« Infos und 77 magische Tipps ab Seite 38 helfen dabei, die verlorenen Pfunde dauerhaft fernzuhalten.

Fatburner-Zauber

Um die Suppe zu verdauen, muss Ihr Körper ordentlich Energie zuschießen. Und woher nimmt er die? Aus den Fettpölsterchen. Auch das Obst und Gemüse, das Sie unbegrenzt essen dürfen, regt den Stoffwechsel an, Fett zu verbrennen. Natürlich prasst man in der 7-Tage-Diät auch nicht gerade mit Kalorien, denn sie enthält kaum Fett.

Die GLYX-Formel

Ein weiterer Schlank-Faktor dieser Diät: Man entzieht sich der Diktatur der schlechten Kohlenhydrate. Die GLYX-Formel entscheidet über Ihr Schicksal: dick oder dünn – ob Ihre Hormone Fett schmelzen oder Fett horten (siehe Kasten Seite 37).

Das Dickhormon Insulin

Die Formel ist einfach. Es gibt Lebensmittel mit hohem GLYX (übrigens die Abkürzung für Glykämischer Index), dazu zählen Stärke (z. B. Kartoffeln), Zucker, Weißmehl und alle Produkte, in denen diese Stoffe stecken. Und solche mit niedrigem GLYX wie Vollkornprodukte, Gemüse, die meisten Obstsorten, Milchprodukte (siehe Tabelle Seite 37). Essen Sie nun Lebensmittel mit hohem GLYX, lockt das ein Heer von Insulin-Hormonen ins Blut, die flugs Zucker in die Zellen schaufeln. Der Blutzucker sinkt. Man wird nervös, unkonzentriert – das Gehirn fordert vehement Zuckernachschub.

Im Banne des Zuckers

Sie können gar nicht anders. Das Gehirn zwingt Sie regelrecht, wieder etwas zu essen. Eine Wurstsemmel, einen Schokoriegel … Und prompt erschrickt Ihre Bauchspeicheldrüse und schickt wieder Insulin ins Blut. Das geht den ganzen Tag so. Und solange Insulin im Blut regiert, haben Schlankhormone wie das Glukagon keine Chance. Glukagon ist nur aktiv, wenn der Insulinspiegel niedrig ist. Nur dann findet Fettverbrennung statt. Die Kohlsuppen-Diät holt Sie aus dem Teufelskreis Zucker/Weißmehl – Insulin – niedriger Blutzucker – Heißhunger heraus. Sie hält den ganzen Tag über Ihren Insulinspiegel niedrig. Glukagon hat also eine Chance die Fettverbrennung anzufachen, und die Pfunde purzeln.

Geballte Power

Die Kohlsuppe entgiftet und entschlackt den Körper. Schon am zweiten Tag fühlen Sie sich fitter, fröhlicher und mit Energie aufgeladen.

› Klar, dass Kohl sich nicht auf den Hüften niederschlägt. Er besteht zu 95 Prozent aus Wasser, hat nur 22 kcal pro 100 Gramm. Er liefert reichlich Ballaststoffe, etwas Eiweiß und wenig Kohlenhydrate.

› Seine B-Vitamine kurbeln den Stoffwechsel an und sind gut für die Konzentration.

Ein wahrhaft magisches Gemüse: Macht satt und schlank, hebt die Laune und stärkt die Nerven.

› Weißkohl macht gute Laune. Und zwar mit dem Spurenelement Selen, das körpereigene Botenstoffe der Fröhlichkeit lockt.

› Kohl ist Brainfood und Stresskiller: Er liefert Folsäure und jede Menge B-Vitamine für gute Nerven.

› Die Schwefelverbindungen (Senföle) beugen Krebs vor.

› Sein Vitamin C heizt die Fettverbrennung in den Zellkraftwerken (Mitochondrien) an.

› Kohl entpolstert mit Magnesium, Calcium, Eisen, Jod und Zink die Hüften.

› Sein hoher Gehalt an Kalium entschlackt.

› Sein Vitamin A schützt die Haut.

› Senföle und Farbstoffe wirken antibiotisch und senken den Cholesterinspiegel.

Wirkung ohne Ende: Sie brauchen noch einen Grund, der Ihnen die magische Gemüsekugel schmackhaft macht?
Suchen Sie sich einen aus: Kohl hilft bei Schlafstörungen, kräftigt das Immunsystem, fördert die Libido und die Geisteskraft.

MAGIE AUF REZEPT
EIN INTERVIEW

Dr. Peter Schleicher
Immunologe

Alles Hokuspokus, oder kann man mit der Kohlsuppe wirklich so gut abnehmen?

Dr. Schleicher: Man kann. Wir haben mittlerweile mehr als zehn Jahre Erfahrung damit. Unsere Patienten verlieren vier bis sechs Kilo in der Woche. Und fühlen sich frisch, fit – ja regelrecht mit Energie aufgeladen. Diese Diät ist praktisch, jederzeit durchführbar, gut für Singles oder Berufstätige geeignet. Und man kann immer mal wieder eine 3-Tage-Diät einlegen, damit man die Festtagspfunde loswird.

Ist sie gesund?

Sicher. Es handelt sich um eine medizinische Diät. Sie stärkt das Immunsystem und entschlackt den Körper auf allen Ebenen. Bei den meisten Diäten verstopft ein Entschlackungsmechanismus. Mit der Atkins-Diät etwa bekommt man Gicht, weil die Nieren nicht alles ausscheiden können.

Welches ist die wirkungsvollste Zutat im magischen Süppchen?

Die Hauptrolle spielt der Kohl. In 100 Gramm stekken nur 22 kcal, er ist äußerst faser- und ballaststoffreich. Um den Kohl aufzubereiten, braucht der Körper mehr Energie, als er daraus gewinnen kann. Übersetzt heißt das so viel wie: Kohl regt die Fettverbrennung an. Je mehr man isst, desto mehr nimmt man ab. Und Kohl liefert B-Vitamine und Vitamin C. Lauter Arbeiter im Energiestoffwechsel. Fehlen sie, bleibt das Fett auf den Hüften liegen. Übergewicht geht oft auf das Konto von Vitalstoffmangel.

Doch manche haben mit Kohl reale Probleme?

Wer die Suppe nicht verträgt, gibt einfach eine kleine Hand voll Kamilleblüten ins Kochwasser.

Manche sagen, Schlacken gäbe es gar nicht …

Doch, es gibt sie wirklich. Sie glauben nicht, was die Wurstsemmel im Körper anrichtet! Durch falsche Ernährung gerät der Säure-Basen-Haushalt aus dem Gleichgewicht. Der Körper übersäuert. Es bilden sich saure Ablagerungen, die Zellstrukturen verätzen – sprich: Schlacken. Das macht müde, stört die Durchblutung, löst Rheuma, Gicht und Arthrose aus. Und der Körper speichert Unmengen unnötiges Wasser, um die sauren Stoffe zu neutralisieren. Deswegen sieht man aufgedunsen aus.

Hänsel wurde von der Hexe mit Zuckerwerk gemästet …

Ja. Man spricht von Insulin-Mast. Kohlenhydrate in Form von Bier, Süßem, Zucker und Weißmehl mästen den ganzen Menschen über die ständige Insulinproduktion – und führen zur Leberverfettung. 85 Prozent der Deutschen haben eine Fettleber. Das heißt, unser wichtigstes Entgiftungsorgan kann nicht mehr richtig arbeiten. Die Folgen: Diabetes Typ 2 und Gicht. Der Körper speichert Schwermetalle und andere toxische Substanzen. Verdauung und Fettstoffwechsel sind gestört. Man nimmt noch mehr zu, wird chronisch müde, die Abwehrkräfte schwächeln und die Gefäße verkalken. Das führt zu Schlaganfall und Herzinfarkt.

Und wie genau entschlackt die Magic Soup?

Die Kohlsuppe ist wie eine Drainage auf vier Ebenen: Verdauungstrakt, Lymphe, Herz-Kreislauf-

und Immunsystem schalten auf »Das Giftzeugs muss raus aus dem Körper«.

Die Suppe putzt den ganzen Körper durch?

Ja. Jeder Inhaltsstoff hat spezifische Wirkungen. Die Gemüse schwemmen aus und entschlacken den Darm mit ihren Faserstoffen. Sie enthalten immunologische Substanzen wie Flavonoide. Diese aktivieren die Fresszellen des Immunsystems so stark, dass sie dreimal so viel »Feinde« entsorgen wie sonst.

Was übernehmen Sellerie und Paprika?

Sellerie wirkt stark wassertreibend und regt die Magensäfte an. Je mehr Verdauungssäfte tätig werden, umso früher ist man satt. Die Paprika in der Suppe kurbelt die Speichel- und Magensaftsekretion an und liefert hochkonzentriert Vitamin C.

Vitamin C zählt ja auch zu den Fatburnern.

Ja. Menschen mit Übergewicht leiden häufig an Vitamin-C-Mangel.

Und die Zwiebel?

Studien zeigen, dass sie Bakterien killt, Entzündungen hemmt, Fett- und Zuckerwerte im Blut senkt, für eine bessere Durchblutung sorgt, also entschlackt und Bluthochdruck mindert. Sie verbessert die Fließfähigkeit des Blutes und beugt Herzinfarkt und Krebs vor.

Tomaten und Karotten vervollständigen die Zauberformel?

Eine tomatenreiche Ernährung bietet einen durch viele Studien bewiesenen Schutz vor Krebs und Herz-Kreislauf-Erkrankungen, und zwar durch den sekundären Pflanzenstoff Lykopin. Ein Lock- und Schutzstoff, der unser Immunsystem anregt und den Insulinspiegel senkt. Damit schützt sich die Tomate vor Pilzen und Bakterien. Karotten enthalten Carotine. Die fangen freie Radikale – aggressive Sauerstoffmoleküle, die Zellen und Erbsubstanz zerstören. Karotten schützen die Haut vor UV-Strahlen und Krebs.

Was soll man während der Diät beachten?

Man verliert viel Flüssigkeit und damit Mineralien und Spurenelemente. Nehmen Sie ein gutes Vitamin- und Mineralstoffpräparat und trinken Sie viel. Ein Eiweißpulver verhindert, dass Körpereiweiß und damit Muskeln abgebaut werden.

Was tun, wenn man nach drei Tagen die Suppe nicht mehr sehen kann?

Das kommt selten vor. Aber dann empfehle ich: Pürieren Sie Ihre Kohlsuppe und trinken Sie sie. In der Regel schmeckt sie dann wieder.

EIN WORT ZUM WORT »DIÄT«

»Diät« kommt aus dem Griechischen und bedeutet Lebenseinstellung, Lebensart. Und diese kann durchaus fröhlich und genussvoll sein. Wochenlang Eier zu essen oder jahrelanges Kalorienzählen ist keine Lebenseinstellung. Im Gegenteil: eher die Aufforderung, das Essen, das Genießen, das Leben einzustellen. Auch Kohlsuppenlöffeln ist keine Lebenseinstellung. Sehen Sie die Magic Diet als Einstieg in ein neues Leben. Und gewinnen Sie mit den Informationen in diesem Buch eine neue, leichtere »Lebenseinstellung«: Essen ist mehr als Kalorienaufnehmen. Essen ist Ihr wichtigster Treibstoff für Gesundheit, Wohlbefinden und gute Laune.

5 magische Tricks

IMMER STARTBEREIT

Stellen Sie sich ein Paar Laufschuhe neben das Bett. Die erinnern Sie jeden Morgen daran, dass ohne Bewegung kein Schlankzauber wirkt.

STILLES WASSER

Stellen Sie überall in Ihrer Wohnung und am Schreibtisch im Büro stilles Mineralwasser auf – damit Sie das Trinken nicht vergessen.

ZAUBERJEANS

Holen Sie Ihre Lieblingsjeans aus dem Schrank, in die Sie wieder hineinpassen wollen. Nagt das Wort »Schokolade« in Ihrem Kopf, dann schicken Sie ein anderes Bild in Ihr Gehirn: Sie, schlank, in den Jeans.

SCHWARZ AUF WEISS

Schreiben Sie sich vor jedem Gang zum Markt oder in den Supermarkt einen Einkaufszettel – damit Sie alles, was Sie brauchen, auch wirklich im Haus haben. Und nicht statt in den Apfel in die Schokolade beißen!

WOHLTUENDE LEERE

Räumen Sie Ihren Kühlschrank leer. Und verschenken Sie Ihren Vorrat an Fertigprodukten, Schokolade und Co.

DER START IN DIE MAGISCHE SCHLANK-WOCHE

Magie leicht gemacht

Sie wollen loslegen? Ihr Partner oder Ihre Freundin macht vielleicht sogar mit – denn zu zweit geht alles leichter? Sie haben auf Seite 7 Ihren BMI berechnet und sich die wichtigsten Sportutensilien zugelegt?
Auf den folgenden vier Seiten finden Sie die Kohlsuppen-Rezepte der Starköche. Schreiben Sie sich einen Einkaufszettel, kaufen Sie alle Zutaten ein, schwingen Sie selbst den Zauberlöffel und kochen Sie einen großen Topf voll magischer Suppe.
Und lesen Sie vorher die folgenden Seiten, damit Ihnen kein Zauberspruch entgeht.
Die sorgsame Vorbereitung der Schlank-Woche sorgt für einen guten Start und unterstützt Sie während der folgenden sieben Tage.

Weihen Sie Ihre Freunde ein

Erzählen Sie allen wichtigen Menschen um Sie herum, dass Sie in der nächsten Woche auf keinen Fall auf ein Eis oder eine Pizza eingeladen werden möchten. Das erspart Ihnen und Ihren Freunden das typische Diät-Gejammer »Ich darf nicht, ich muss abnehmen, ich bin zu dick«.

Magischer Samstag

Starten Sie am besten an einem Samstag mit Ihrer magischen Schlank-Woche. Dann haben Sie das Wochenende vor sich und können Sport und Entspannung locker einplanen.
Alle Zutaten schon am Freitag einkaufen, damit keine unnötigen Verlockungen winken.

Einkaufs-Checkliste

› **Auf dem Wochenmarkt, im Gemüsegeschäft um die Ecke oder im Naturkostladen:**
Hier gibt es die Zutaten für die Kohlsuppe, frisches Obst und Gemüse der Saison. Da Gemüse und Früchte mit jedem Tag an Vitalstoffen verlieren, sollten Sie alle zwei Tage Nachschub einkaufen. Dazu: frische Kräuter, Chilischoten, Kräuter- und Früchtetees, naturreine Gemüsesäfte.

› **Im Supermarkt:**
Tiefkühlgemüse, -obst und tiefgekühlte Kräuter für die Suppe finden Sie hier in reicher Auswahl. Und falls Sie einmal nicht selber kochen können: Magische Kohlsuppe aus der Tiefkühltruhe (siehe S. 41).
Zwei Kästen stilles Mineralwasser und Gewürze, Sojasauce, ein hochwertiges Oliven- oder Rapsöl, sowie Magermilch, Buttermilch, Molke und fettarmen Joghurt (1,5 % Fett) können Sie ebenfalls hier kaufen.

› **In der Apotheke:**
Ein Eiweißpulver und je ein Vitamin- und Mineralstoffpräparat. Zudem Magnesium- und Calcium-Brausetabletten, von denen Sie täglich ein bis zwei nehmen sollten.

Die magische Woche

Magic Soup vom Feinsten

Das Original-Rezept kam zu drei Sterneköchen – und ihr magischer Löffelzauber verwandelte es in Schmankerl für Gourmets. Raffiniert! Genießen Sie die drei Varianten: asiatisch, mediterran und afrikanisch. Die genaue Anleitung für Ihre magische Woche finden Sie ab Seite 22.

ASIATISCHE KOHLSUPPE

Wer kennt ihn nicht – den Schüler von Bocuse, den deutschen Meister des Kochlöffels. Der Sternekoch Eckart Witzigmann würzt mit Ingwer und Zitronengras – und heizt den Pölsterchen kräftig mit Chili ein.

Rezept für 1 bis 2 Tage – je nach Hunger.

Zutaten

500 g Weißkohl, 300 g Blumenkohl
170 g Möhren, 1 Stangensellerie
300 g Strauchtomaten
2 rote Paprikaschoten
150 g weiße Zwiebeln, 150 g Lauch
2 EL kretisches Olivenöl
1 EL gelbes Currypulver, 1 EL gehackter Kümmel
2 frische Knoblauchzehen
0,2 l pürierte Tomaten, 1,5 l Wasser
2 Würfel Gemüsebrühe
1 EL zerstoßener Koriander, 2 Lorbeerblätter
2 kleine getrocknete, gehackte Chilischoten
2 cm frischer Ingwer, 1–2 Stangen Zitronengras
1 Spritzer Sojasauce, frischer Koriander
frische Petersilie

Und so geht's

❶ Gemüse putzen und klein schneiden. Zwiebeln und Lauch in einem großen Topf mit dem Olivenöl anschwitzen. Mit Curry würzen und gehackten Kümmel und Knoblauch dazugeben. Kurz köcheln lassen.
❷ Gemüse und pürierte Tomaten zugeben und mit Wasser aufgießen.
❸ Die Brühwürfel, den Koriander, die Lorbeerblätter, die Chilis, den Ingwer und das Zitronengras dazugeben und die Suppe zugedeckt einmal aufkochen.
❹ Die Kohlsuppe zehn Minuten bei mittlerer Hitze kochen lassen. Dann die Temperatur reduzieren und die Suppe so lange köcheln lassen, bis das Gemüse gar ist. Mit Sojasauce abschmecken und die gehackten frischen Kräuter dazugeben.

Eckart Witzigmann

ZAUBERER NR. 1

Eckart Witzigmann gilt als Koch der Köche. Man erlebte ihn mit allen Sinnen in München im Restaurant »Aubergine« und quer durch Deutschland im »Witzigmann Palazzo«. Immer mal wieder macht er sich auf zu neuen Herden. Wer Lust hat, Eckart Witzigmanns Zauberkünste unter mallorquinischem Sternenhimmel zu genießen, kann eines seiner beiden Restaurants besuchen:

- Ca's Puers, Sóller, Tel.: 0034/971/63 80 04
- Ca's Xorc, in den Ölbergen zwischen Sóller und Deià. Tel.: 0034/971/63 82 80.

MEDITERRANE KOHLSUPPE

Rezept für 1 bis 2 Tage.

Zutaten

1 rote Paprika, 1 gelbe Paprika, 500 g Weißkohl
250 g Möhren, 3 Stangensellerie
250 g Brechbohnen, 1 große Gemüsezwiebel
2 Knoblauchzehen, 4 EL Olivenöl, Meersalz
2 getrocknete Chilischoten, 1 l Gemüsebrühe
je 2 Zweige Thymian und Basilikum
1 Salbeizweig, 3 Anchovis (Sardellenfilets)
4 Strauchtomaten
75 g schwarze entsteinte Oliven
2 EL weißer Balsamico-Essig

Kolja Kleeberg

ZAUBERER NR. 2

Kolja Kleeberg – Der Chefkoch vom Restaurant VAU in Berlin zaubert nach der Philosophie: Genuss für alle Sinne. In seiner Küche zählt absolute Frische – saisonale Lebensmittel aus biologischem Anbau, keine Fertigprodukte, alles wird per Hand hergestellt.

› Jägerstr. 54–55, 10117 Berlin, Tel.: 030/202 97 30

Für die Olivenpaste:

200 g schwarze entsteinte Oliven
3 Anchovis (Sardellenfilets)
Schale einer Zitrone, 50 g Kapern in Salz (über Nacht in Wasser entsalzen!)
2 Thymianzweige
0,2 Liter provençalisches Olivenöl (etwa aus Les Beaux), Meersalz, Pfeffer aus der Mühle

Und so geht's

1. Paprika im vorgeheizten Backofen bei 175 °C Umluft 30 Minuten garen. In einen Gefrierbeutel geben, verschließen. Nach einer halben Stunde die Haut abziehen.
2. Möhren, Sellerie und Bohnen putzen, klein schneiden. Die Kohlblätter klein zupfen. Zwiebel häuten und längs achteln.
3. Zwiebel und ungeschälte Knoblauchzehen im Olivenöl anschwitzen. Möhren, Sellerie, Bohnen nacheinander je 1 Minute anschwitzen, zuletzt den Weißkohl. Mit Salz und zerbröselten Chilischoten würzen. Brühe auffüllen, aufkochen. Kräuter zusammenbinden, in den Topf hängen. Zugedeckt 5 Minuten ziehen lassen. Knoblauchzehen rausfischen.
4. Anchovis abspülen, klein hacken. Tomaten überbrühen, häuten, in Stücke schneiden. Paprika würfeln. Mit den Oliven zur Suppe geben. Mit Salz und Balsamico abschmecken. Weitere 5 Minuten ziehen lassen.
5. Für die Paste: Oliven, klein geschnittene Anchovis, Thymianblättchen, Zitronenschale und Kapern pürieren. Mit dem Olivenöl glatt rühren, mit Salz und Pfeffer würzen. Jeder Portion Suppe einen Teelöffel davon unterrühren.

NORDAFRIKANISCHE KOHLSUPPE

Rezept für 1 bis 2 Tage.

Zutaten

500 g Weißkohl
1/2 Stangensellerie
2 junge Fenchel
4 weiße Rüben
4 Artischocken
4 große Tomaten
2 Paprikaschoten
1 Bund Frühlingszwiebeln
3 Knoblauchzehen
1 Limette
1 Teelöffel Fenchelsamen
2 getrocknete Chilischoten
4 EL Olivenöl, grobes Meersalz
2 l Gemüsebrühe
1 EL gehackte, glatte Petersilie
1 EL gehackte Zitronenmelisse
1 ungespritzte Zitrone
gestoßener schwarzer Pfeffer

Und so geht's

❶ Kohl, Sellerie, Fenchel und Rüben waschen, putzen, bei Bedarf schälen und klein schneiden. Die Artischocken entblättern, die Artischockenböden in kleine Tortenstücke schneiden. Die Tomaten überbrühen und danach häuten. Die Paprikaschoten entkernen und klein schneiden. Frühlingszwiebeln von Wurzeln und welkem Grün befreien und in feine Ringe schneiden. Knoblauchzehen schälen, halbieren, den grünen Strunk entfernen. Die Limette dick schälen (mitsamt der weißen Haut), das Fruchtfleisch in kleine Würfel schneiden.

❷ Gemüse, Fenchelsamen und Chilischoten in 2 EL Olivenöl anschwitzen. Mit Meersalz würzen, die Limettenstücke hinzugeben und mit der Gemüsebrühe auffüllen. Die Suppe zugedeckt bei mittlerer Hitze 20 Minuten köcheln lassen.

❸ Anschließend die Suppe mit 2 EL Olivenöl binden. Die gehackten Kräuter hinzugeben – nicht mehr köcheln lassen.

❹ Die fertige Suppe in einen heißen Suppenteller geben, etwas Zitronenschale darüberreiben und mit wenig frisch gestoßenem schwarzen Pfeffer bestreuen.

Christian Lohse

ZAUBERER NR. 3

Christian Lohse – Der Sternekoch verwöhnt seine Gäste im Gourmet-Restaurant »Fischer's Fritz« des Regent-Schlosshotels Berlin vor allem mit den Aromen leichter deutscher Küche. Seine Gerichte verwöhnen Gaumen und Seele mit köstlichen Aromen.

› Charlottenstraße 49, 10117 Berlin-Mitte, Tel.: 030/203 38

DIE MAGISCHE WOCHE AUF EINEN BLICK

	1. Tag Obst	2. Tag Gemüse	3. Tag Obst & Gemüse
Das Geheimnis des Tages	Alle Früchte erlaubt, außer Bananen. Magic Soup, so viel Sie wollen. Trinken: mindestens drei Liter stilles Mineralwasser, Kräuter- und Früchtetees ohne Zucker.	Alle Gemüse sind erlaubt, bis auf Mais und Erbsen. Löffeln Sie so viel Magic Soup, wie Sie wollen. Trinken: mindestens drei Liter, auch Gemüsesäfte. Abends eine Baked Potato.	Heute dürfen Sie Obst und Gemüse essen – und so viel Kohlsuppe, wie Sie wollen. Trinken: stilles Mineralwasser, Gemüsesäfte, Kräuter- und Früchtetees.
Morgens	Atemübung (S. 29) Nüchternlauf (S. 22,26) Eiweiß-Shake Obst	Atemübung Nüchternlauf Eiweiß-Shake Gemüse	Atemübung Nüchternlauf Eiweiß-Shake Obst, Gemüse
Mittags	Magic Soup à la Witzigmann Obst Atemübung	Magic Soup à la Witzigmann Salat/Gemüse Atemübung	Magic Soup à la Kleeberg Salat / Gemüse Atemübung
Nachmittags	Kleiner Muskelworkout (S.26) Fatburner-Drink	Kleiner Muskelworkout Fatburner-Drink	Kleiner Muskelworkout Fatburner-Drink
Abends	Magic Soup Obst Atemübung	Magic Soup Baked Potato Atemübung	Magic Soup Gemüse, Obst Atemübung

4. Tag Bananen	5. Tag Fisch/Geflügel	6. Tag Geflügel & Gemüse	7. Tag Reis & Gemüse
Heute stehen Bananen mit mageren Milchprodukten auf dem schlanken Plan. Dazu: Magic Soup. Und nicht vergessen: viel trinken.	Heute gibt's zum ersten Mal wieder Genuss pur: Kohlsuppe und einen gedünsteten Fisch mit Tomaten. Wer Fisch nicht mag, wählt Geflügel.	Sie können alle Gemüse Ihrer Wahl, außer Mais und Erbsen, zum Fisch oder Geflügel essen. Dazu: Kohlsuppe löffeln!	Essen Sie tagsüber alle Gemüse Ihrer Wahl, außer Mais und Erbsen, und natürlich Kohlsuppe. Risotto am Abend.
Atemübung Nüchternlauf Bananen-Shake	Atemübung Nüchternlauf Eiweiß-Shake Fisch/Kohlsuppe	Atemübung Nüchternlauf Eiweiß-Shake Gemüse	Atemübung Nüchternlauf Eiweiß-Shake Gemüse
Magic Soup à la Kleeberg 1 Banane Atemübung	Magic Soup à la Lohse Tomaten-Kabeljaufilet Atemübung	Magic Soup à la Lohse Geflügel-Pfanne Atemübung	Magic Soup nach Gusto Salat/Gemüse Atemübung
Kleiner Muskelworkout Bananen-Shake	Kleiner Muskelworkout Fatburner-Drink	Kleiner Muskelworkout Fatburner-Drink	Kleiner Muskelworkout Fatburner-Drink
Magic Soup 1 Banane Atemübung	Magic Soup Fisch oder Geflügel mit Tomaten Atemübung	Magic Soup Fisch oder Geflügel mit Gemüse oder Salat Atemübung	Magic Soup Pilz-Risotto Atemübung

1. TAG: OBSTTAG VITALSTOFFE LASSEN PFUNDE PURZELN

ZAUBERFORMEL 1: VIEL TRINKEN

Wer nicht genug trinkt, wird dick. Man drosselt den Stoffwechsel um zwei bis drei Prozent. Das macht im Jahr zwei bis drei Kilo mehr auf den Rippen.
Mit viel Flüssigkeit helfen Sie Ihrer Niere beim Entgiften. Und Ballaststoffe passieren leichter den Darm. Die Haut wird rosig und straff. Schöner Nebeneffekt: Trinken füllt den Bauch und bremst den Hunger!

- Trinken Sie täglich drei Liter Wasser. Wer's mit mehr Geschmack mag: ungesüßten Kräuter- oder Früchtetee trinken.
- Stellen Sie sich an alle Orte, die Sie tagsüber passieren, eine Flasche stilles Mineralwasser und zwei aufgeschnittene Zitronen, die Sie sich ins Wasser pressen können.
- Tanken Sie den Fatburner Vitamin C: In 1/2 l Wasser 1/2 Zitrone pressen.
- Lösen Sie täglich je eine Calcium- und Magnesium-Brausetablette auf. Erstere, weil Sie zurzeit wenig Milchprodukte essen, letztere für starke Nerven und Muskeln, das hilft beim Abnehmen.
- Kaffee nur in Maßen: täglich zwei Tassen. Und: Kein Alkohol!

An Ihrem ersten Tag spielt Obst die Hauptrolle. Sie können davon so viel essen, wie Sie wollen. Allerdings keine Bananen. Halten Sie sich bitte an die Reihenfolge der Tage, weil die Diät so konzipiert ist, dass jeder Tag auf dem anderen aufbaut.
An Ihrem ersten Tag sollten Sie sich für abends nichts vornehmen. Danach ist es schon einfacher, sich durchs Restaurant oder die Party zu mogeln.

Fit in den Tag

- Wenn Sie aufwachen, strecken und recken Sie sich. Trinken erst einmal das große Glas stilles Wasser (0,3–0,4 l), das auf dem Nachttisch steht: die einfachste Zauberformel der Natur gegen morgendliche Sitzungsprobleme. Das löst den sogenannten gastrocholischen Reflex aus: zehn Minuten später müssen Sie dringend aufs Örtchen. Inzwischen die Atemübung von Seite 29 machen.

Laufschuhe schnüren

… und zwar bevor Sie duschen oder Kaffee trinken.

- Gehen Sie eine halbe Stunde an die frische Luft. Licht lockt das Glückshormon Serotonin – das gute Laune zaubert und gleichzeitig die natürlichste Appetitbremse ist. Bewegung heizt den Energiestoffwechsel an.

Frühstücken mit Eiweiß-Shake …

Füllen Sie erst einmal Ihre durch die Reparaturarbeiten an 70 Billionen Körperzellen in der Nacht geleerten Eiweißspeicher auf:

› 2 EL Eiweißpulver in einem Glas Magermilch, Kefir oder Buttermilch verrühren.

… und Obstsalat

› Schnipseln Sie sich einen großen Obstsalat aus den Früchten, die die Saison gerade zu bieten hat (siehe Seite 24).

› Trinken Sie Tee dazu – oder, wenn Sie müssen, Kaffee. Ungesüßt. Sie wollen ja aus dem Insulin-Kreislauf »Süß – Hunger – Süß – Hunger« herauskommen.

Mittags: Ein Teller Kohlsuppe …

… oder zwei oder drei.

› Machen Sie Ihr Süppchen schön heiß. Warm sättigt besser und macht Ihren Körper wohlig zufrieden.

Immer wenn der Hunger kommt …

› … gehen Sie an den Kühlschrank, holen sich eine Portion Magic Soup und wärmen sie auf. Soviel löffeln wie Sie wollen.

› Übrigens: Auch kurz vor dem Schlafengehen können Sie ruhig noch ein bisschen heiße Kohlsuppe schlürfen.

Nachmittags: zehn Minuten für die Muskeln, dann Eiweiß

› Zehn Minuten reichen, um wertvolle Muskeln aufzubauen, die auch nach der Diät

Nach dem Sport fit mit Obst plus Eiweiß.

noch Fett verbrennen (Seite 27). Nach dem Workout trinken Sie den Fatburner-Shake. Ihre Muskeln hungern nun nach Eiweiß.

Fatburner-Shake

1/2 reife Papaya
Saft von 1 Limette
Saft von 1 Orange
1/4 l kalte Trinkmolke
2 EL Eiweißpulver

❶ Papaya entkernen, schälen und in kleine Würfel schneiden. Mit dem Limetten- und Orangensaft, der Trinkmolke und dem Eiweißpulver im Mixer kräftig durchmixen.

Abends: Suppe & Obst

› Essen Sie erst einen Teller magische Kohlsuppe. Und dann wieder einen Obstsalat.

› Früh, spätestens um 18 Uhr zu Abend essen. Damit Ihr Darm des Nachts keine Schwerstarbeit leisten muss.

Pures Obst-Vergnügen

Frisches Obst verwöhnt mit Vitalstoffen und Aromen. Essen Sie Obst einfach aus der Hand. Oder haben Sie Lust auf ein bisschen Früchtezauber?

Exotisches Carpaccio

› Frische Erdbeeren oder Ananas in dünne Scheiben schneiden. Leicht überlappend auf einem Teller arrangieren. Mit Zitronensaft oder Aceto Balsamico beträufeln und mit frischer Minze oder Zitronenmelisseblättchen garnieren.

Wunderbarer Fruchtsalat

› Frische Obstsorten der Saison (oder der Tiefkühltruhe) klein schneiden, mit 2 TL Zitronensaft und 3–4 klein geschnittenen Zitronenmelisseblättchen mischen. Im Sommer vertragen sich Aprikosen, Nektarinen und Beeren, im Herbst Äpfel, Birnen, Orangen und Exoten.

SimsalaDip mal wieder

› Erdbeeren waschen, das Grün dran lassen. Mango oder Papaya schälen, in dicke Würfel schneiden und abwechselnd auf Cocktailspießchen stecken. Dazu Orangen-Joghurt-Dip: 3 EL fettarmer Joghurt (1,5%) mit 1 EL Orangensaft verrühren.

Mit dem Zauberstab

› Himbeeren, Heidelbeeren, Erdbeeren, Kiwis, gehäutete Pfirsiche oder Aprikosen mit dem Zauberstab pürieren. Mit 1–2 TL Zitronensaft abschmecken. Kleiner Deko-Tipp: Drei verschiedenfarbige Fruchtpürees als Klecks auf einen Teller setzen, mit einem Holzstäbchen ineinander ziehen.

Magische Melonensuppe

› Aus einer Wasser- oder Honigmelone einige Kugeln Fruchtfleisch ausstechen und ins Gefrierfach geben. Das restliche Fruchtfleisch mit 1–2 EL Zitronensaft und wenig Wasser pürieren. Mit den geeisten Melonenkugeln auf tiefen Tellern anrichten. Mit frischer Zitronenmelisse garnieren.

Feines Früchte-Sorbet

› Früchte wie Erdbeeren und Kiwis im Mixer pürieren. 1 EL Zitronensaft dazugießen. In einer Edelstahlschüssel 2 1/2 Stunden lang gefrieren. Alle 30 Minuten mit dem Schneebesen kräftig rühren. Das Sorbet in einem Kelchglas servieren.

Mit einem frisch zubereiteten Obstsalat ist Naschen rundum gesund!

2. TAG: GEMÜSE ENTSCHLACKT KÖRPER, GEIST & SEELE

Hallo, willkommen im zweiten Tag! Heute steht Gemüse auf dem Plan und abends eine Kartoffel. Die leichten Schätze der Natur sollten Sie auch künftig ins Leben einbauen. Das Geheimnis vieler schlanker Menschen heißt nämlich: Gemüse, Gemüse, Gemüse, Gemüse, Gemüse. Genau: fünf Portionen am Tag.

Fit in den Tag

› Machen Sie die Atemübung von Seite 29, und laufen Sie ohne vorheriges Frühstück 30 Minuten an der frischen Luft.
› Dann mixen Sie sich wie gestern einen Eiweiß-Shake. Schneiden Sie ruhig ein paar frische Kräuter hinein.

Zum Frühstück Gemüse

› Schnitzeln Sie Möhren, Rettich, Gurken, Radieschen, Paprikaschoten, Fenchel, Tomaten in Stücke, Scheibchen oder Stifte. Sie können jedes Gemüse nehmen, auf das Sie Lust haben, außer: Erbsen und Mais. Auf Seite 30 finden Sie abwechslungsreiche Rezepte. Alternativ machen Sie sich einen Teller Magic Soup heiß.

Nervös? Möhren knabbern!

Geht dem Gehirn der Zucker, also die Kohlenhydrate aus, fühlen Sie sich nervös und sind unkonzentriert.

› Kein Problem: Knabbern Sie Möhren! Sie liefern natürlichen Süßstoff, der dem Gehirn Nachschub an Glukose liefert.

Mittags: Erst Suppe, dann Workout

› Mittags gibt's heiße Kohlsuppe und vorher einen Salat.
› Planen Sie zehn Minuten für Ihre Muskeln ein (Seite 26).
› Und nachmittags gibt's einen Fitness-Drink.

Fatburner-Drink

40 g rote Paprikastücke, 40 g Selleriewürfel, 1 EL Petersilienblätter, 1 Spritzer Tabasco, 100 ml Tomatensaft, 100 ml Buttermilch, 1 EL Eiweißpulver, Meersalz, Pfeffer

1. Alle Zutaten im Mixer pürieren, mit Petersilie garnieren.

Abends: Baked Potato

› Machen Sie sich wieder Kohlsuppe heiß. Geht Ihr Kohlsuppen-Vorrat zur Neige, dann kochen Sie die nächste Portion.
› Und dann gibt's eine große Kartoffel in Alufolie, 75–90 Minuten bei 225 °C (Umluft 200°) gebacken (oder 3 kleine Pellkartoffeln). Dazu 3 EL Magerquark mit Kräutern.

Achtung, fertig, los

Besorgen Sie sich gute Laufschuhe und eine Pulsuhr, die Sie piepsend warnt, wenn Sie zu schnell laufen, wenn Ihr Körper also von Fett- auf Kohlenhydratverbrennung umschaltet (grob liegt die Grenze bei Puls 120–130, ein Laktat-Test beim Sportmediziner ist genau).

Wärmen Sie sich langsam fünf Minuten lang auf, indem Sie leicht walken und Ihre Schultern locker kreisen.
Und dann steigern Sie Ihre Geschwindigkeit und Ihren Puls, um in die Fettverbrennung zu gelangen. Sie können entweder joggen oder walken (Buchtipp Seite 46). Mit strammem Schritt und kräftiger Armunterstützung walken Sie 30 Minuten durch. Mit Nordic-Walking-Stöcken (Sportfachhandel) verbrennt man übrigens bis zu 50 Prozent mehr Kalorien! Tipp: 20 Minuten auf dem Mini-Trampolin springen bringt so viel wie 30 Minuten joggen.

Flexbandtraining

Mit leicht gegrätschten, angebeugten Beinen auf die Mitte des Flexbandes steigen. Die Enden des Bandes so um die Hände wickeln, dass es bei hängenden Armen leicht gespannt ist. Bauch anspannen, Schulterblätter zur Wirbelsäule ziehen. Nun mit geradem Rücken in die

BLITZAKTION

Mit dem kleinen Muskelworkout von Sportwissenschaftlerin Holle Bartosch züchten Sie täglich zehn Minuten lang Muskeln. Und schmelzen Fettpölsterchen. Kaufen Sie im Sportgeschäft ein Flexband und Hanteln:

Für Frauen
Anfängerinnen: 2-kg-Hanteln, weiches Flexband.
Fortgeschrittene: 3-kg-Hanteln, mittleres Band.

Für Männer
Anfänger: 3-kg-Hanteln, mittleres Band.
Fortgeschrittene: 4-kg-Hanteln, hartes Band.

› Sie sollten so intensiv trainieren, dass Sie pro Übung maximal 15 Wiederholungen schaffen – die letzten mit zusammengebissenen Zähnen, aber mit ruhiger Atmung.
› Anfänger machen jede Übung (s. Text darüber) 3-mal, Fortgeschrittene 4- bis 6-mal.

Kniebeuge gehen. Arme seitlich heben, bis Hände und Ellenbogen auf Schulterhöhe sind.
15-mal. 30 Sekunden Pause. 3-mal wiederholen.

Hantelübung für Po und Beine

Die Hanteln nehmen und im Nacken halten, Ellenbogen seitlich. Mit angebeugten Beinen in gegrätschte Schrittstellung gehen. Arme mit Hanteln nach oben und gleichzeitig mit beiden Beinen in die Kniebeuge gehen. Die Ferse des hinteren Beins vom Boden abheben.
15-mal. 30 Sekunden Pause. Beinwechsel. 3-mal.

Übung für den Bauch

Sie liegen auf dem Rücken, die Beine sind angewinkelt, Füße hüftbreit, Zehen hochziehen, Knie locker nach außen fallen lassen. Hände in den Nacken legen. Lendenwirbelsäule in den Boden drücken. Wirbelsäule vom Kopf her aufrollen. Spannung im Bauch ein bis zwei Sekunden halten, dann Wirbelsäule langsam abrollen. Kopf nicht ablegen.
15-mal. 30 Sekunden Pause. 3-mal wiederholen.

ZAUBERFORMEL 2: BEWEGUNG

Jede Diät schraubt den Stoffwechsel herunter – bis zu 50 Prozent. Bekommt er weniger Kalorien, verbrennt Ihr Körper weniger. Und weil er nach der Diät nicht gleich kapiert: »Hungersnot vorbei«, schraubt er den Stoffwechsel nicht sofort wieder rauf. Er hortet Kalorien für die nächste Notzeit. Wer genauso weiterisst wie zuvor, nimmt schnell wieder zu und wiegt bald mehr als vorher. Das nennen Experten den Jo-Jo-Effekt. Vorsicht Muskelschwund: Während einer Diät verbrennt der Körper seine Eiweißvorräte, er futtert sich selbst Muskeln weg. Das lässt sich verhindern: mit Eiweiß und Bewegung.

- Sport hält den Körper davon ab, auf sein Notprogramm zu schalten. Aber nicht die Wochen-Stunde an der Kraftmaschine, sondern nur regelmäßiger Ausdauersport: Walken, Laufen, Rad fahren oder Springen auf dem Fatburner-Trampolin (Seite 40).
- Wer sich anstrengt und gehetzt Sport treibt, verbrennt vor allem Kohlenhydrate, da nicht genügend Sauerstoff zu den Körperzellen kommt. Ohne Sauerstoff kann der Körper nur Zucker zur Energie-Gewinnung heranziehen. Anders bei sanfter Bewegung. Wer langsam läuft, walkt oder Rad fährt, füttert seine Körperzellen mit ausreichend Sauerstoff. Die Muskeln verbrennen Fett. Und das holen sie sich aus den Depots von Hüfte, Bauch und Po.
- Das Geheimnis für Fettverbrennung ist der richtige Puls. Wer zu langsam läuft verbrennt kaum Fett und wer zu schnell läuft gar keines. Den idealen Puls, mit dem Sie am meisten Fett verbrennen, misst Ihnen der Sportmediziner per Laktat-Test.

3. TAG: OBST & GEMÜSE DIE ZAUBERFORMEL FÜR DIE FIGUR

Heute haben Sie die Wahl: Obst oder Gemüse. Mit der Einschränkung: keine Bananen, kein Mais, keine Erbsen. Holen Sie sich Anregungen auf den Seiten 24 und 30.

Fit in den Tag

Natürlich starten Sie wieder mit dem Glas Wasser, Atemübungen und Ihrer Bewegungsrunde: 30 Minuten nüchtern im Freien. Und dann: Shaken Sie sich einen Eiweiß-Drink.

Wunderbare Exoten

Wie wäre es mit Exoten zum Frühstück? Die Enzyme von Papaya oder Ananas helfen Ihrem Eiweiß-Stoffwechsel auf die Sprünge. Eiweiß ist ein wertvoller Fatburner in Ihrem Körper. Marinieren Sie Ihren Exoten-Salat mit Orangen- oder Zitronensaft. Auf Zucker, Honig und auch auf künstlichen Süßstoff sollten Sie verzichten.

Keine Zeit?

Obstschnipseln dauert Ihnen zu lange? Dann greifen Sie in die Tiefkühltruhe (am Vorabend!). Die Frostfee legt ihren schützenden Zauberstab auf alle Vitamine. Tauen Sie eine Packung Himbeeren, Blaubeeren oder gemischte Beeren auf – und genießen Sie die kleinen Medizinbällchen der Natur mit einigen Minzeblättchen garniert (Rezepte Seite 24).

Büro? Kein Problem!

Gemüsestreifen dabei? Und eine große Thermoskanne voller Magic Soup? Nehmen Sie davon ausreichend mit. Denn je mehr Suppe Sie essen, desto besser schmelzen die Pfunde. Und: Es könnte sein, dass Ihre Kollegen das köstliche »Starkoch-Wunder« auch mal probieren wollen.

Auch im Büro gibt es einen magischen Imbiss mit heißer Kohlsuppe aus der Thermoskanne.

In Kantine und Restaurant

Wenn Sie mit Ihren Kollegen lunchen wollen: Essen Sie vorher einen Teller Suppe. Und dann nehmen Sie Salat, den Sie selbst marinieren: mit Essig, etwas Olivenöl, wenig Salz und Pfeffer. Auch gedünstetes Gemüse ist erlaubt (am besten mit qualitativ hochwertigem Olivenöl – in guten Restaurants ist das kein Problem).

Hanteln mitnehmen!

Auch am Arbeitsplatz finden sich immer wieder ein paar Minuten, die Sie in Ihre Muskeln investieren können. Außerdem verlangt Ihr Biorhythmus sowieso nach 90 Minuten eine Pause. Nutzen Sie die für Ihre Muskeln – oder zum Schlank-Atmen.

Der Fatburner-Drink?

Nicht vergessen! Bereiten Sie morgens die Version vor, auf die Sie heute Lust haben: Fatburner-Shake mit Obst von Seite 23 oder den mit Gemüse von Seite 25. In einer Flasche mitnehmen.

Abends: Kohlsuppe

… und Obst, Salat, Gemüse. Alles zusammen oder einzeln, worauf Sie Lust haben und so viel Sie wollen.

Die Atemübung

› Der Test: Legen Sie Ihre Hand auf den Bauch. Dann atmen Sie tief nach unten bis in den Po hinein. Spüren Sie, wie Ihr Bauch sich bläht, wie viel Lebenselixier Sie in Ihren Körper schicken?

› Der Rhythmus: Atmen Sie ein und zählen Sie dabei langsam bis vier. Halten Sie die Luft in Ihrer Lunge und zählen Sie nochmal ganz langsam bis vier. Nun ausatmen, bis vier zählen. Luft anhalten und bis vier zählen. Das Ganze zehnmal wiederholen.

› Die Frequenz: Machen Sie diese Übung drei- bis viermal pro Tag. Am besten am geöffneten Fenster. Starten Sie morgens.

ZAUBERFORMEL 3: ATMEN SIE SICH SCHLANK!

In den kleinen Kraftwerken der Zelle, den Mitochondrien, lodert nur ein Feuer, das Fett verbrennt, wenn es von ausreichend Sauerstoff angefacht wird. Das passiert selten. Sie sitzen und klemmen Ihre Lungen ein. Sie atmen flach, in die Brust, nicht tief in den Bauch hinein. Statt das Feuer in den Zellen mit acht Litern pro Atemzug anzufachen, schicken Sie zwei windige Liter zu Ihren 70 Billionen Körperzellen. Statt Fett werden hauptsächlich Kohlenhydrate verbrannt, saure Stoffwechselprodukte entstehen. Der Körper übersäuert, verschlackt (Seite 12).

› Heizen Sie einfach Ihr Stoffwechsel-Feuer wieder an. Atmen Sie tief in den Bauch hinein. Mit dieser simplen Übung entschlacken Sie Ihren Körper und schmelzen Fett weg. Und entspannen auch noch dabei.

Gemüse geniessen

Sie müssen keineswegs ständig an Möhren herumknabbern. Gemüse verwöhnt mit köstlichen Aromen, und es schenkt Ihrem Körper all die Vitalität, die Natur und Sonnenstrahlen in die Frucht hineingezaubert haben.

Bringen Sie farblich Abwechslung in den Gemüsetag. Jede Pflanze liefert kodiert in ihrer Farbe andere Biozauberstoffe für die Gesundheit. Wer keine Zeit hat, greift in die Tiefkühltruhe. Die Frostfee hat geputzt - und Vitamine konserviert.

Kohl al dente

› Gemüse wie Brokkoli, Blumenkohl und Mangold putzen, waschen und anschließend zerteilen. In einem großen Topf reichlich Wasser mit etwas Salz zum Kochen bringen. Gemüse darin nur wenige Minuten sieden lassen – damit das Aroma nicht auslaugt. Aus dem kochenden Wasser heben, sofort in mit Eiswürfeln gekühltes Wasser tauchen. Anschließend das blanchierte Gemüse mit 1–2 TL Zitronensaft, Meersalz, Pfeffer und 1 TL Olivenöl als Salat zubereiten.

Küchenmagie im Dunst

Zarte Gemüsesorten wie Kohlrabi, Möhren, Pilze, Auberginen, Zucchini oder Lauch entfalten beim Dünsten magische Aromen.

› 1 TL Olivenöl in der Pfanne bei mittlerer Temperatur erhitzen. Klein geschnittenes Gemüse zugeben, 2 bis 5 Minuten anschwitzen. 2–4 EL Wasser angießen, leicht salzen und pfeffern. Deckel auflegen und bei niedriger Temperatur knackig dünsten.

Folienzauber

Sie wollen ein geballtes Päckchen Aroma? Dann streichen Sie die glänzende Seite einer Alufolie mit 1 TL Olivenöl ein. Darauf geben Sie halbierte Cocktailtomaten und Spinat-

FASTFOOD MIT ROHKOST

› Möhren, Zucchini, Gurke oder Knollensellerie sind grob geraspelt extra gesund, denn das Raspeln öffnet die Zellen zu den Vitalstoffen. Mit wenig Meersalz, Pfeffer, 2 TL Zitronensaft und ein paar Tropfen Walnuss- oder Haselnussöl vermischen.

› Paprikaschoten, Frühlingszwiebeln, Fenchel, Möhren in Streifen schneiden. Kräftige Salate wie Chicorée, Radicchio, Eisberg- oder Romanasalat in einzelne Blätter zerlegen. Dazu dürfen Sie einen Dip servieren: 75 g fettarmen Joghurt (1,5 %) mit Zitronensaft, etwas Meersalz und Pfeffer verrühren. Je einen EL gehackte Petersilie und Schnittlauch (oder andere Kräuter) untermischen.

blätter, dazu Frühlingszwiebeln, Lauchringe oder Fenchelstreifen. Alles leicht salzen und pfeffern, darüber 1–2 TL gehackte Kräuter (wie Thymian, Estragon, Petersilie) und 2 EL Zitronensaft geben. Die Alufolie locker zu einem Päckchen zusammenschlagen. Auf den Rost legen und das Gemüse im vorgeheizten Ofen bei 200 °C (Umluft 180°) 20 bis 30 Minuten garen.

Vitamin-Schongang

Dünsten ist das Garverfahren für Rote Bete, Blumenkohl, Brokkoli, Sellerie, Wirsing, Kohlrabi, Möhren, Zwiebeln und Spargel.

› Gemüse grob zerteilen. In einen Topf mit Siebeinsatz 2–3 Finger hoch leicht gesalzenes Wasser oder Gemüsebrühe füllen. Das Wasser mit 3 Pfefferkörnern, 1 Lorbeerblatt und je 2 frischen Petersilien- und Thymianzweigen aufkochen. Siebeinsatz mit Gemüse darauf einsetzen – er steht über der Flüssigkeit! Den Deckel schließen und die Flüssigkeit auf höchster Stufe aufkochen. Sobald seitlich Dampf aufsteigt, auf mittlerer Stufe 25 bis 30 Minuten weiterdämpfen. Deckel zwischendurch nicht lüpfen, sonst unterbrechen Sie den Wasserdampf-Kreislauf.

Aroma-Garant Grillen

Favoriten für den Grill: Auberginen, Zucchini, Paprikaschoten, Tomaten und Gemüsezwiebeln.

› In dicke Scheiben, Streifen oder Spalten schneiden, Tomaten über Kreuz einritzen. Das Gemüse hauchdünn mit Olivenöl bepinseln, mit Thymian, Rosmarin, wenig Meersalz und Pfeffer bestreuen. Auf den Rost des vorgeheizten Grills legen und in wenigen Minuten knusprig grillen.

Schnell aus dem Wok

› 1 TL Olivenöl in einem beschichteten Wok erhitzen. Klein geschnittenes Gemüse wie Möhren, Frühlingszwiebeln, Lauch, Chinakohl unter Rühren in Minutenschnelle bissfest garen. Mit Pfeffer und 1–2 TL Sojasauce würzen.

Eine Ode an die Tomate

Sie ist eine paradiesisch gesunde Frucht, die mit ihrem Kalium auch beim Entschlacken hilft und – so viele Studien – sogar Krebs vorbeugt. Hier drei Zubereitungsvorschläge:

Köstliches für zwischendurch: Rohkost mit einem Joghurtdip.

› Frische Tomaten waschen, vom Stielansatz befreien und in Scheiben schneiden. Auf dem Teller überlappend anrichten. Mit 1–2 TL Aceto Balsamico und 1 TL Olivenöl beträufeln. Mit frischen Basilikumblättern garniert servieren.

› Tomaten auf Alufolie legen, leicht salzen und pfeffern, mit Thymianzweigen belegen. Päckchen zuwickeln und 20 Minuten auf dem Rost im vorgeheizten Backofen bei 200 °C (Umluft 175°) garen.

› Tomaten waschen, den Stielansatz entfernen und in grobe Stücke schneiden. Im Mixer pürieren. Mit Salz, Pfeffer und Rotweinessig abschmecken. Mit Basilikumblättern garnieren. Kalt als Dip oder warm als Suppe genießen.

4. TAG: BANANEN SCHLANK & FIT INS HALBFINALE

Nun haben Sie die Halbzeit erreicht. Und treten gegen die letzten Kilos an.

Alles wie gehabt

› Ein Glas lauwarmes Wasser für den gastrocholischen Reflex …
› Atemübungen lassen dreimal täglich das Fettfeuer in den Zellen lodern.
› Bei 30 Minuten Nüchternlauf verbrennen Sie 15-mal mehr Fett als vor dem TV. Und kurbeln die Kalorienverbrennungs-Anlage für den ganzen Tag an.
› Um all die Kohlsuppe zu verarbeiten, die Sie täglich schlürfen, verbraucht Ihr Körper Energie aus den Fettpölsterchen.
› Eiweiß, Gemüse, Obst liefern Vitalstoffe, die die Fettverbrennung in Gang halten.
› Viel Trinken macht satt, schlank und schön (Seite 22)!
› Täglich zehn Minuten Muskel-Training schafft neue Kalorien-Brennöfchen.
› Variante heute: Statt Obst und Gemüse stehen drei bis vier Bananen auf dem Speiseplan. Starten Sie morgens damit:

Eiweiß-Bananen-Shake

1 große reife Banane, 1 TL Zitronensaft
150 ml Buttermilch, 2 EL Eiweißpulver

1 Banane schälen, grob zerschneiden. Mit Zitronensaft und Buttermilch im Mixer pürieren. Dann Eiweißpulver zugeben und nochmals kurz mixen und in ein Glas füllen.

Von mittags bis abends

… gibt's natürlich Kohlsuppe. Und Bananen-Shake, etwa nachmittags nach dem Training.

Achtung!

Wie steht es um Ihren Kohlsuppen-Vorrat? Ab morgen gibt's die nordafrikanische Version von Christian Lohse.

ZAUBERFORMEL 4:
SCHMAUEN SIE SICH SCHLANK ...

Jürgen Schilling ist Schauspieler. Einst war er ein gewichtiger Schauspieler. Und seine Mutter hatte eine ebenso gewichtige Promenadenmischung »Lola«. Eines Tages fütterte ihr Jürgen Schilling trockene Brotkanten. An diesen kaute Lola gerne herum – und merkwürdigerweise nahm der Dickmops rapide ab. Daraufhin beschloss Jürgen Schilling, diese neue Form der Diät auch an sich selbst auszuprobieren. Kaute dynamisch, intensiv, lusterfüllt und verlor 30 Kilo.

Kein Spaß. Ernste Wissenschaft.

Schilling recherchierte neun Jahre an diesem Thema und schrieb ein Buch darüber: »Kau dich gesund«. Es bildete sich eine Kau-Fangemeinde – darunter renommierte Ärzte und Wissenschaftler. Jürgen Schillings totale Absage an das hektische Schlingen: Schmauen. Schmauen ist die Verschmelzung von Schmecken und Kauen. Schmauen heißt, alle lust- und lebenspendenden Stoffe aus dem Bissen zu ziehen, wie die Biene den Nektar aus der Blüte zieht, bis sich die Nahrung im Speichel verflüssigt hat und jedes einzelne Aroma Zeit hat, den Gaumen zu verführen.

› Probieren Sie es aus. Gleich am ersten Tag Ihrer Diät, mit einem Stück Obst oder Gemüse. Kauen Sie langsam und genüsslich so lange, bis es flüssig ist. Und spüren Sie, wie sich die Aromen entfalten.

... und gesund

800-mal am Tag schlucken wir hastig und vernachlässigen die Verdauung im Mund. Sie entscheidet aber über Gesundheit und Krankheit. Der Forscher Borhaave wusste schon 1740: »Wie die Speise im Mund beschaffen ist, so ist der Darmsaft; wie der Darmsaft beschaffen ist, so ist das Blut; wie das Blut beschaffen ist, so ist das Fleisch.« Krank und mit Fett durchsetzt, wenn man die Mundverdauung überspringt. Denn wenn man schlingt, siedelt sich im Bauch ein Komposthaufen an, in dem es gärt und fault. Giftstoffe entstehen, die den ganzen Organismus schädigen. Wertvolle Vitalstoffe kommen gar nicht am Wirkungsort der Zelle an. Und das macht nun mal krank und dick. Denn ohne Vitalstoffe entgleist der Energiestoffwechsel. Jürgen Schilling schwärmt: »Schmauen ist ein Liebesakt im Mund, bei dem auf die natürlichste und genussvollste Weise die vom Körper benötigte Nahrungsmenge mit dem physiologischen Nahrungsbedürfnis in Einklang gebracht wird.« Und das Schönste daran: Wer schmaut, kann so viel essen und trinken, wie er will. Er wird immer schlanker und gesünder.

Probieren Sie es aus!

Und wenn Sie nicht zum Schmauer werden, dann doch wenigstens zum begeisterten Kauer.

Weitere Informationen im Buch: Schilling, Jürgen: *Kau dich gesund!* Ehrenwirth, München. Infos zu Kau-Seminaren unter www.juergen-schilling.de

5. TAG: FISCH ODER GEFLÜGEL AUF ZUM FRÖHLICHEN ENDSPURT!

Ihren Tagesablauf haben Sie nun intus. Highlight heute: Fisch und Tomaten. Kein anderes Gemüse, kein Obst. Wer Fisch nicht mag, nimmt einfach Geflügel.

Für Magen & Muskeln

› Morgens und nachmittags gibt's den Eiweißdrink von Seite 23 – und immer wieder mal einen Teller Kohlsuppe.

› Mittags und abends, nach Belieben auch schon zum Frühstück – sooft Sie wollen – gibt's Fisch (oder Geflügel ohne Haut) gegrillt oder gedünstet, dazu Tomaten (siehe auch Rezepte Seite 31). Zum Beispiel auf diese Weise:

Tomaten-Kabeljaufilet

150 g Kabeljaufilet
2 TL Zitronensaft
Meersalz, Pfeffer aus der Mühle
3 Tomaten
2 TL Olivenöl
1 gehackte Knoblauchzehe
1 EL gehackte frische Kräuter (Petersilie, Dill, Schnittlauch)

❶ Backofen auf 200 °C vorheizen. Kabeljaufilet abbrausen und trocken tupfen. Mit Zitronensaft, Salz und Pfeffer würzen. Tomaten waschen, Stielansatz entfernen, quer in dicke Scheiben schneiden.

❷ Ein großes Stück Alufolie mit 1 TL Olivenöl einstreichen. Die Tomaten darauf verteilen und mit etwas Salz und Pfeffer bestreuen. Den Knoblauch und die Kräuter darüberstreuen. Den Fisch darauflegen, mit 1 TL Olivenöl beträufeln. Die Folie zusammenschlagen und gut verschließen. Den Kabeljau im 200 °C heißen Ofen (Mitte, Umluft 180 °C) 20 Minuten garen.

ZAUBERFORMEL 5: EIWEISS KONTRA FETT

Sicher kennen Sie Asterix und Obelix – und den berühmten Zaubertrank. Ob Sie es glauben oder nicht, die Haupt-Ingredienz ist Eiweiß (nicht den Römern erzählen!). Eiweiß ist der Stoff, aus dem Muskeln bestehen. Und er schmilzt Pfunde weg. Wenn Sie Eiweiß essen, schießt Ihr Körper zu dessen Verwertung Energie zu und dafür bedient er sich aus den Fettpölsterchen. Nur: Wer unter Eiweiß Wurst und Braten versteht, bleibt dick.

› Schlanke Eiweißpower: Fisch und Meeresfrüchte, Hüttenkäse, magere Milchprodukte, Hülsenfrüchte, Geflügel. Nach Ihrer Diät dürfen Sie hier drei- bis viermal täglich zugreifen!

6. TAG: GEFLÜGEL & GEMÜSE DER ERFOLG ZEICHNET SICH AB

Fühlen Sie sich gut? Hat Ihr prüfender Blick schon festgestellt: ein paar Butterpäckchen weniger auf den Rippen? Heute wird es leichter für Sie. Zur Kohlsuppe gibt's Geflügel – oder Fisch – und Gemüse, so viel Sie wollen. Sie können auch morgens schon ein Stück mageres Geflügel essen – ohne Haut. Mit Zitronensaft, damit Ihr Körper das Eiweiß besser verwerten kann.

Hähnchen-Pfanne

100 g Hähnchenbrustfilet
1–2 EL Sojasauce, schwarzer Pfeffer
100 g Zuckerschoten
Meersalz
1/2 rote Paprikaschote
2 Frühlingszwiebeln, 40 g Sojabohnensprossen
1 TL Öl
3 EL Gemüsebrühe

1. Hähnchenfilet in feine Scheiben schneiden. 1 EL Sojasauce mit Pfeffer verrühren, das Fleisch darin wenden und 5 Minuten ziehen lassen.
2. Zuckerschoten putzen, in Salzwasser 2 Minuten kochen, kalt abschrecken. Paprika putzen, in kleine Würfel schneiden. Frühlingszwiebeln putzen, in feine Ringe schneiden. Sprossen in einem Sieb heiß abbrausen und abtropfen lassen.
3. Öl in einer beschichteten Pfanne verstreichen und erhitzen. Fleisch darin unter Wenden 3–4 Minuten anbraten. Herausnehmen und warm stellen. Gemüse und Sprossen unter ständigem Rühren 4–5 Minuten braten. Die Brühe angießen, mit Sojasauce und Pfeffer abschmecken.

› Variante: Statt Hähnchenfilet können Sie Fisch nehmen, zum Beispiel Kabeljau- oder Viktoriabarschfilet.

ZAUBERFORMEL 6: FDH

FdH steht hier für »Fett die Hälfte«. 142 Gramm essen wir im Schnitt täglich. Rund 1300 kcal. Nur die Hälfte davon vertragen Vielsitzer und Kopfarbeiter. Die andere Hälfte schlägt sich auf den Hüften nieder. In dreieinhalb Tagen ist das nach Adam Riese ein ganzes Butterpäckchen. 250 Gramm Fett mehr auf den Rippen. Diese Woche haben Sie Fett eingespart. Das hat Ihnen nicht geschadet. Denn tierisches Fett braucht Ihr Körper nicht. Ausnahme: Fisch. Auch pflanzliches Fett ist wichtig für Sie, so wichtig wie Vitamine.

› Wenn Sie künftig tierisches Fett einsparen, Ihre 70 g Fett zum Großteil aus pflanzlicher Quelle (Olivenöl & Co.) wählen, kommen mühsam verlorene Pfunde auch bestimmt nicht wieder.

7. TAG: REIS & GEMÜSE
MIT ELAN IN DIE ZIELGERADE

› Werfen Sie einen Blick auf Seite 21. Dort steht, wie Ihr Tag heute aussieht.

› Wenn Ihr Kohlsuppen-Vorrat zur Neige geht, dann kochen Sie sich noch eine Portion, und zwar Ihre Lieblingsversion.
Lieblings…? Sie können keine Kohlsuppe mehr sehen? Das ist verständlich. Nach diesem Tag sollten Sie Ihre Diät beenden und Ihr Leben wieder in vollen Zügen genießen. Und zwar mit dem Wissen, dass Essen Ihnen gut tut. Das richtige Essen – das Ihnen Energie verleiht, Ihren Körper zufrieden, Ihren Geist aktiv und Ihre Seele glücklich macht. Aber vorher müssen Sie noch durch diesen Tag. Kein Problem:

› Auf dem Plan steht Gemüse (abwechslungsreiche Anregungen Seite 30).
Und mittags und/oder abends gibt's einen Risotto mit Gemüse. Sie können natürlich auch noch anderes Gemüse in den Risotto schnitzeln. Blumenkohl oder Fenchel beispielsweise. Vorher essen Sie unbedingt noch einen Teller Kohlsuppe.

Pilzrisotto

1 kleine Zwiebel, 1 kleine Knoblauchzehe
1 TL Olivenöl, 80 g Schnellkoch-Naturreis
175 ml heiße Gemüsebrühe
2 Möhren, je 75 g Champignons und Egerlinge
5 Zweige Petersilie
Meersalz , schwarzer Pfeffer, 1 TL Zitronensaft

❶ Zwiebel und Knoblauchzehe schälen, fein würfeln. Das Öl in einem Topf erhitzen, Zwiebel und Knoblauch darin glasig dünsten. Reis unterrühren und kurz anschwitzen, dann die Brühe dazugießen. Aufkochen und bei schwacher Hitze 20 bis 25 Minuten garen.
❷ Die Möhren schälen und schräg in dünne Scheiben schneiden. Die Pilze putzen und in feine Scheiben schneiden. Beides nach 10 Minuten Garzeit unter den Reis mischen. Öfter mal umrühren.
❸ Petersilie waschen, trocken schütteln, die Blätter hacken. Den Risotto mit Salz, Pfeffer und Zitronensaft abschmecken, die Petersilie zuletzt untermischen.

ZAUBERFORMEL 7:
GLYX NIEDRIG – UND SIE BLEIBEN SCHLANK

Dies ist die wichtigste Zauberformel, die Sie mit in Ihr künftiges schlankes Leben nehmen sollten. Denn von Seite 10 wissen Sie schon: Der GLYX bestimmt Ihr Schicksal: dick oder dünn. Hoher GLYX lockt das Dickhormon Insulin, und das Schlankhormon Glukagon kann nicht arbeiten.

- Wählen Sie künftig hauptsächlich Lebensmittel mit GLYX unter 50.
- Lebensmittel mit GLYX über 50 nicht weglassen, aber seltener essen. Und: Kombinieren Sie Lebensmittel mit GLYX über 50 nicht mit Fett. Sonst schlägt sich das Fett erst recht auf den Hüften nieder.
- Fertigprodukte meiden, denn sie enthalten viel Fett und Zucker.

Im Folgenden sind die Lebensmittel in jeder Sparte nach absteigendem GLYX-Wert sortiert. Weißbrot steht also vor Graubrot.

Lebensmittel mit hohem GLYX

- Getränke 110–70: Bier (Maltose), Sportlergetränke, Limonaden, Cola-Getränke
- Süßes 100–70: Glukose (Traubenzucker), Cornflakes, Fruchtgummi, Zucker, Kekse
- Brot 90–70: sehr weißes Brot (Fastfood), Brezeln, Bagels, Baguette, Croissants
- Kartoffeln 95–70: Bratkartoffeln, Kartoffelpüree, Pommes frites, Ofenkartoffeln
- Obst & Gemüse 103–70: getrocknete Datteln, Litchis, Pastinaken, Kürbis, Wassermelone
- Getreideprodukte 90–70: Instant-Reis, weißer Reis (Rundkorn), Puffreis, Mais-Chips, Müsli mit Zuckerzusatz

Lebensmittel mit mittlerem GLYX

- Süßes 65–55: Konfitüre, Honig, Sandgebäck, Schokolade
- Brot 69–65: Weizenvollkornbrot, Pitabrot
- Kartoffeln 62: Pellkartoffeln
- Obst & Gemüse 65–55: Ananas, Rosinen, Rote Bete, Bananen, Honigmelone, Aprikose, Kiwi, Mango, Papaya, getrocknete Feigen
- Getreideprodukte 65–55: Couscous, weißer Langkornreis, Grieß, brauner Reis, Nudeln (weich gekocht), Mais

Lebensmittel mit niedrigem GLYX

- Brot 50: Vollkornschrot- oder Kleiebrot, Pumpernickel, Roggenbrot (Sauerteig)
- Getränke 45–15: frischer Fruchtsaft (ohne Zucker), Sojamilch, Saftschorle (1:3), Gemüsesäfte
- Getreideprodukte 51–22: Ballaststoff-Flakes, Parboiled Reis, Vollkornnudeln, Nudeln (al dente), Vollkornmüsli ohne Zucker (auf hohen Kleiegehalt achten), Haferflocken, Quinoa
- Gemüse & Obst 40–10: Hülsenfrüchte (Erbsen, Bohnen, Linsen), frisches Obst und Gemüse (Ausnahmen beachten), getrocknete Aprikosen, Pilze
- Süßes 32–20: Bitterschokolade (70 % Kakao), Fructose, Marmelade ohne Zucker, Akazienhonig
- Sonstiges 30–10: Nüsse, Milchprodukte, Fleisch, Fisch, Geflügel, Eier

77 magische Tipps

Sagen Sie den Pfunden Ade!

Essen Sie täglich Fatburner und meiden Sie Zuckerfallen. Vor allem aber ... lesen Sie die folgenden 77 magischen Tipps und halten Sie sich daran. Sie werden sehen, die Pfunde schmelzen weiter. Wetten, dass?

WIE GEHT'S NUN WEITER?

Machen Sie sich bewusst: Jedes Wurstbrötchen richtet etwas in Ihrem Körper an. Nichts Schlimmes. Ihr Körper verdaut einiges. Nur keine 365 Wurstbrötchen im Jahr.

Gedankliche Kost

Es ist nicht die eine Praline, die Gaumen und Seele glücklich macht. Nicht die Pizza, abends mit Freunden genossen. Auch nicht Mutters köstlicher Schweinebraten am Geburtstag. Nicht der Festtag zählt, nur die anderen 364 Tage. Das, was Sie täglich tun, schlägt sich auf Ihrem Energiekonto und auf den Hüften nieder. Essen Sie ruhig die Praline. Aber achten Sie darauf, dass Ihr Körper mehr braucht. Ihre Zuwendung. Den richtigen Treibstoff. Die 77 Tipps helfen, sich täglich gesund und fit zu essen.

1. Kalorienzählen ...

... macht dick, zeigen Studien. Wer sich ständig kontrolliert, kann gar nicht durchhalten. Wichtigste Slim-Formel Nr. 1: Vergessen Sie Kalorien und Joule!

2. Auf den Körper hören.

Essen Sie dann, wenn Sie wirklich Hunger haben, das, worauf der Körper Gelüste hat, bis Sie richtig satt sind – und nicht, bis der Teller leer ist. Wecken Sie wieder Ihre somatische Intelligenz, hören Sie darauf, was Ihr Körper von Ihnen will.

3. Stress futtert zu.

Stress macht jedem mal zu schaffen. Er ist einer der schärfsten Dickmacher: Studien zeigen, dass Gestresste mehr, fetter und süßer essen. Machen Sie regelmäßig Ihre Atemübungen von Seite 29, und lernen Sie eine Entspannungstechnik.

4. Diät heißt Lebensart:

Es hilft auf Dauer nicht, Ihren Lebensmotor mit »Müll« zu füllen und dann zum Ausgleich immer wieder eine Diät zu machen. Diät ist eine Lebenseinstellung (Seite 13) – und die kann durchaus fröhlich sein.

5. DER SANDEIMER-TRICK

Volksmusik-König Karl Moik verlor 12 Kilo. Nach drei Tagen Obst, Gemüse, null Schweinefleisch, kein Tropfen Alkohol: 3 Kilo weg. Er füllte einen Eimer mit 3 Kilo Sand und lief damit ums Haus. »Da habe ich zum ersten Mal gemerkt, was ich bisher mit mir rumgeschleppt habe – ein heilsamer Psychoschock.« Machen Sie es nach. Füllen Sie die Kilos, die Sie in den letzten sieben Tagen verloren haben, in einen Sandeimer, laufen Sie damit ums Haus, und starten Sie durch in ein schlankes, gesundes Leben.

Rohkost, in hauchdünne Streifen geschnitten, mit Zitronensaft und wenig Olivenöl verfeinern.

Muskeln statt Speck

6. Joggen oder walken ...

... Sie pro Woche 2000 kcal davon (30 Minuten entsprechen 400 kcal). Das erhöht Ihren Fettstoffwechsel und verbrennt Kalorien.

7. Trainieren ...

... Sie mindestens 3-mal pro Woche Ihre Muskeln – Ihr Schlank-Kapital!

8. TV-Hüpfen:

Stellen Sie sich ein Fatburner-Trampolin vor den Fernseher. Zehn Minuten hüpfend verbrennen Sie Fett, entgiften den Körper, bauen Stress ab, tanken gute Laune für den Tag.

9. Frust-Ess-Bremse:

Wer sich bewegt, ist ausgeglichener und kompensiert Frust nicht über Essen, weil Stress und Sorgen auf der Sportstrecke bleiben.

10. Slim-Activity:

Treffen Sie Ihre Freunde nicht nur beim Essen, sondern auch mal zum Wandern, Radfahren, Skaten ...

FdH: Fett die Hälfte

11. Zwei Möglichkeiten:

Schauspieler Clint Eastwood speckt mit fettarmen Sojaburgern ab. Joschka Fischer joggt täglich zehn Kilometer.

12. Reduzieren ...

... Sie Fette wie Butter, Sahne, Margarine. Schneiden Sie Fettränder ab.

13. Nehmen Sie zum Kochen ...

... Olivenöl oder Rapsöl. Geben Sie täglich 1 Teelöffel Leinöl in den Gemüsesaft. Probieren Sie ruhig auch Ölsorten wie Walnussöl.

14. Weiß oder Wild wählen:

Reduzieren Sie rotes Fleisch zugunsten von Seefisch, Geflügel und Wild.

15. Nulltarif:

Essen Sie viel Hülsenfrüchte, Gemüse, Obst, Vollkorngetreide (Reis, Nudeln, Brot, Müsli) und Salat – all das enthält kaum Fett.

16. Verzichten ...

... Sie so gut es geht auf Fertigprodukte. Naturbelassene Lebensmittel sind fettärmer und haben meist einen niedrigen GLYX.

17. Wenn Wurst, ...

... dann hauchdünn aufschneiden lassen.

18. Vorsicht Fettfallen:

Kuchen, Torten, Eiscreme, Schokolade, Pizza, Wurst und der Fettschwamm Panade.

19. Magere Wahl ...

... beim Metzger: Roastbeef, Putenaufschnitt, Schinken ohne Fett, Filet, Schnitzel, Lende.

20. Magic Müsli:

Mixen Sie Ihr Müsli selbst. In Fertigmüslis steckt oft viel Fett und Zucker.

21. Light Cooking:

Fett nach dem Anbraten von Fleisch aus der Pfanne gießen. Dünsten, Dämpfen und Grillen schont Vitamine und Hüften.

Zauberformel: Five a day

22. Fünf am Tag:

600 g Gemüse und Obst sollten Sie täglich essen – mindestens: 2 Portionen Obst und 3 Portionen Gemüse. 1 Portion = »eine Hand voll« oder 0,2 Liter frischer Frucht- oder Gemüsesaft.

23. Power-Start:

Essen Sie morgens eine große Schüssel Obstsalat. Genießen Sie dazu ein Milch- oder Sojaprodukt.

24. Die Hälfte roh!

Reiben Sie sich täglich eine kleine Schüssel Rohkost: Apfel, Knollensellerie, Möhren. Mit 1 TL Olivenöl und Zitronensaft ein Gedicht.

25. Snacken Sie ...

... den ganzen Tag über Gemüsestreifen mit einem Joghurt-Dip.

26. Gemüse-Tipp ...

... von Dr. Peter Schleicher: »Ich schneide 1 Kilo Brokkoli, Lauch, Zwiebeln, Zucchini, Paprika und Karotten klein. Karamellisiere 1 TL Honig, lösche ihn ab mit 3 EL Apfelessig, gebe 5 EL Olivenöl darauf. Gare die Gemüse darin bissfest. Das ist ein Gemüsegericht zum Naschen für den ganzen Tag.«

27. Obst & Gemüse der Saison!

Lange Transportwege laugen die sensiblen Früchte aus. Essen Sie also Gemüse und Obst aus dem Umland.

28: MAGISCHE SUPPE AUS DEM EIS

Für Zeitlose gibt's die »magische Kohlsuppe« (Marke Jütro) nun aus der Tiefkühltruhe. Nur echt mit diesem »Buch-Cover« vorne drauf. Ohne Geschmacksverstärker, Farb- und Konservierungsstoffe. Fragen Sie einfach in Ihrem Supermarkt danach.

GLYX-Formel

29. Flüssige Zuckerfallen umschiffen:

Colagetränke und Limonaden, Fruchtnektar und Bier locken das Dickhormon Insulin (Seite 10 f.).

30. Idealer Slim-Sprit:

Mineralwasser, Früchte- und Kräutertees, Grüner Tee, Frucht- und Gemüsesäfte (ohne Zuckerzusatz, am besten frisch), Kombucha, Buttermilch, Kefir.

31. Wein: Kein Problem!

Trinken Sie ruhig 1 bis 2 Gläschen am Tag auf Ihre Gesundheit und ein längeres Leben. Allerdings: Trocken muss der Wein sein.

32. Gesund süßen:

Zucker ist eine tolle Erfindung. Jedoch nur als Gewürz. Setzen Sie ihn sparsam ein. Meiden Sie Fertigprodukte, in denen er steckt. Süße der Natur: Ahornsirup, Apfel- oder Birnendicksaft süßen mit Geschmack, belasten aber auch den Insulinspiegel!

33. Fit vom Tank der Biene:

Honig belastet Ihren Blutzuckerspiegel weniger, so Studien. Und er ist die ideale Fitness-Süße für Sportler.

34. Zaubermittel: Stevia.

Das Honigblatt, mit dem die Indianer seit Tausenden von Jahren süßen, ist ideal. Es lockt nicht das Dickhormon Insulin. Nur hat es bei uns in Deutschland noch keine Zulassung als Nahrungsergänzungsmittel. In Japan steckt es seit 30 Jahren in den meisten süßen Lebensmitteln. Auch in den USA ist es zu haben. Man kann es sich für den Eigenbedarf auf dem Balkon ziehen. Sie wollen mehr wissen? Stöbern Sie ein bisschen im Internet unter www.medherb.de, oder fragen Sie im Reformhaus nach. Buchtipp Seite 46.

35. Zuckerzahn?

Sie können vom Süßen nicht lassen? Dann mangelt es Ihnen vermutlich am Glückshormon Serotonin. Kalorienarme Alternative: Tanken Sie Licht. Dann steigt der Serotoninspiegel im Gehirn.

36. Wenn süß – dann nachmittags.

So vermeiden Sie, den ganzen Tag in der Insulin-Heißhunger-Falle herumzutappen.
Tipp: Vanille-Duft soll die Schokolust vertreiben. Gibt's als Pflaster.

NIE MEHR DICK!

Was kommt nach der Kohlsuppe? Warum nicht gesund & schlank leben nach der GLYX-Philosophie? Hierfür gibt's im GRÄFE UND UNZER VERLAG von Marion Grillparzer lauter kluge Helfer wie »Das große GLYX-Kochbuch« oder den »GLYX-Kompass« (siehe Buchtipps Seite 46).

37. Fatale Kombis:

Hoher GLYX plus Fett schlägt sich doppelt auf der Hüfte nieder: Schweinebraten mit Knödel, Nudeln mit Sahnesauce, Pizza oder Pommes, Croissant mit Schokolade …

38. Schlanke Kombis:

Lamm mit Naturreis. Putenbrust mit Kartoffeln. Pasta mit Gemüse. Naturreis mit Garnelen. Mozzarella mit Tomaten. Joghurt oder Müsli mit Früchten. Melone mit Schinken.

Das Eiweiß-Mirakel

39. Nimm drei:

»Täglich zehn Kilometer laufen, eine riesige Schüssel Salat und Eiweiß-Shakes«, so das einfache Slim-Geheimnis von Bestsellerautorin Hera Lind.

40. Viermal täglich eine Portion

Eiweiß: Geflügel, Fisch, Hülsenfrüchte, Kohlgemüse, Pilze, Milchprodukte in Magerstufe (Quark, Buttermilch, Käse).

41. Keine Zeit?

Dann shaken Sie sich einen Eiweiß-Drink und essen Früchte, statt in Fastfood zu beißen.

42. Slim-Wunder: Fisch

Im Grunde sollten Sie fünfmal die Woche Fisch essen, am besten Seefisch. Fischöle putzen die Blutgefäße, schützen vor Herzinfarkt, sie stärken die Nerven und bewahren die Haut vor Krankheiten wie Neurodermitis und Schuppenflechte. Auch vorbeugende Wirkung gegen Diabetes und Rheuma gehen auf das Fisch-Konto. Sein Eiweiß heizt die Fettverbrennung an. Zudem liefert er jede Menge Tyrosin, den gehirnaktiven Eiweißbaustein, aus dem der Körper die Schlankhormone Dopamin und Noradrenalin bastelt. Und kaum ein Lebensmittel (außer Algen) versorgt Sie so gut mit dem wichtigen Stoffwechsel-Treibstoff Jod.

43. Slim-Taler …

… investieren Sie in den Apotheker, wenn Sie sich nicht 100-prozentig gesund ernähren. Besorgen Sie sich gute Vitalstoffpräparate. Vitamine und Mineralien sind unentbehrliche Arbeiter in Ihrem Energiestoffwechsel. Fehlen sie, wird man dick.

Body-Shaping

44. Der Rubbel-Trick:

Tägliches Abrubbeln in der Dusche mit dem Sisalhandschuh regt die Durchblutung an, kleine Dellen glätten sich.

45. Meer macht weniger:

Geben Sie 250 g Meersalz ins Badewasser. Entzieht Gewebewasser, strafft die Haut.

46. Polster wegstreicheln.

Eine Lymphdrainage vom Masseur verwöhnt die Seele, bringt den Lymphfluss in Schwung, baut Stauungen und Schwellungen ab. Eine wunderbare Entgiftung.

Schlank-Zauber-Zeit

47. Tauschen.

Zu 75 Prozent ernährt Sie die Industrie? Mit toten Lebensmitteln vom Fließband? Drehen Sie das Verhältnis unbedingt um: Essen Sie zu 70 Prozent Dinge, in die Sie selbst Zeit stecken. Dann können Sie zu 30 Prozent essen, worauf Sie Lust haben.

48. Wahl mit IQ:

Bereiten Sie sich mit Genuss zu, was Sie genießen. Dafür können Sie natürlich in die Tiefkühltruhe greifen: Sie müssen Ihr Huhn nicht selbst rupfen, den Fisch angeln oder das Gemüse putzen.

49. Essen Sie langsam.

Das Hormon Cholezystokinin braucht 10 bis 20 Minuten, um dem Sättigungszentrum im Gehirn zu signalisieren: Genug!

50. Slim-Start:

Die klare Brühe oder der Salat vor dem Hauptgang füllt den Bauch und lockt schon mal die Ich-bin-satt-Hormone.

51. Zehn-Minuten-Regel.

Wenn Essen lockt, erst zehn Minuten etwas anderes tun. Dann sind die Gelüste verschwunden. Nur der echte Hunger kann nicht länger warten.

52. Fühlen Sie sich schlank

Denn wer sich zu dick fühlt, dem fällt das Abnehmen schwerer, so Studien.

- In Turnschuhen fühlen Sie sich gleich fitter und leichter.
- Schwarz und gedeckte Töne mogeln Pfunde weg.
- V-Ausschnitte strecken den Hals.
- Gerade Haltung, Schultern zurück, Brust raus – und der Bauch verschwindet.

Simsala-Snacks

53. Nibbeln Sie.

In Ihren Genen steckt: Nibbeln – immer mal wieder etwas essen. Ihre Vorfahren pickten dort eine Wurzel, zwei Kilometer weiter eine Frucht, etwas später ein paar Beeren. Das dürfen Sie auch! Snacken Sie, wenn Sie Hunger haben. Aber nur: vitalstoffreich und GLYX-niedrig. Das hält gesund und schlank. Denn es ist unmöglich, die 40 Vitalstoffe, die Ihr Körper braucht, in einer Mahlzeit zu bekommen.

54.–58. Süße Snacks:

- Gemischte Trockenfrüchte: Aprikosen, Pflaumen, Äpfel;
- Frische oder Trockenfeigen mit Ziegenkäse;
- Ungesüßtes Apfelmus mit Ingwerscheiben;
- Naturjoghurt mit frischen Beeren;
- Fruchtriegel (ohne Zucker).

59.–63. Herzhafte Snacks:

- Avocado mit Kräutern und Zitronensaft;
- Vollkornkräcker mit Kräuterhüttenkäse;
- Mandeln, Sonnenblumen-, Kürbiskerne;
- Tomaten mit Hüttenkäse;
- Knäckebrot mit Harzer-Käse.

Der magische Fatburner gegen Festtagspfunde.

Fatburner von A–Z

64.–76. Algen, Chili & Co.

Algen liefern Jod, das unsere Energiezentrale, die Schilddrüse, Schlankhormone basteln lässt. Köstlichste Form: Sushi.
Apfelessig fördert den Fettabbau im Körper, dämpft die Lust auf Kalorienbomben. Essigsäure treibt den Stoffwechsel an, hilft beim Fettschmelzen. 0,2 l Wasser mit 2 EL naturtrübem Apfelessig und 1 TL Honig mischen. Morgens in kleinen Schlucken trinken.
Ascorbinsäure. Übergewichtige leiden oft an Vitamin-C-Mangel. Folge: zu wenig fettabbauende Enzyme. Günstige Abhilfe: Ascorbinsäurepulver aus der Apotheke. In jedes Glas Wasser eine Messerspitze voll rühren.
Austern liefern Zink und Eiweiß. Vorboten guter Laune, Feinde des Fettes.
Avocado enthält lebenswichtige Fettsäuren. Und der Zauberstoff Mannoheptulose hält das Insulin in Schach.
Ayurveda-Methode: Über den Tag verteilt acht Gläser heißes Wasser trinken. Das entschlackt und bremst den Hunger aus.
Bierhefe liefert Chrom, das Übergewichtigen häufig fehlt. Es erhöht die Fettverbrennung im Muskel. Weitere Lieferanten: schwarzer Tee und Paranüsse.
Carnitin: Der Biostoff (in Fleisch und Geflügel) transportiert Fettmoleküle zur Verbrennung in die Muskelöfchen.
Chili enthält Capsaicin. Lockt Endorphine, treibt die Fettverbrennung voran.
Grüner Tee. Er regt an, dämpft Hunger, schmilzt das Fett von den Hüften. Und er schützt das Herz und beugt Krebs vor.
Lakritze: Ein Stück täglich soll beim Fettschmelzen helfen.
Wachstumshormon HGH baut Muskeln auf, Fett ab. Ideales Betthupferl: 2 EL Magerjoghurt plus 2 EL Vollkornhaferflocken.
Weizengrassaft. Schlank-Tipp der Pop-Ikone Nina Hagen: »Wenn ich mir zu dick vorkomme, nehme ich blitzschnell mit dem grünen Weizengrassaft ab.«

77. Kohlsuppe

Wenn Sie nach Feiertagen ein paar Pfunde gehortet haben, kochen Sie drei Tage Kohlsuppe auf, den effektivsten Fatburner!

GESUCHT – GEFUNDEN

Buchtipps

Mehr zum Thema Ernährung

Danbrot, Margaret: *The new Cabbage Soup Diet.* Blake Publishing Ltd., London

Grillparzer, Marion: *Die magische Kohlsuppe – das Kultbuch; GLYX-Diät. Abnehmen mit Glücks-Gefühl; GLYX-Diät-Kochbuch; Meine GLYX-Zahlen; GLYX-Kompass; Salto Vitale.* Alle Titel beim GRÄFE UND UNZER VERLAG, München

Kempe, Christina: *Mega-fit mit der Fastenwoche.* GRÄFE UND UNZER VERLAG, München

von Koerber/Männle/Leitzmann: *Vollwert-Ernährung.* Haug Verlag, Heidelberg

Schleicher, Peter: *Die sensationelle Kreta-Diät.* Goldmann Verlag, München

Simonsohn, Barbara: *Stevia.* Windpferd Verlag, Aitrang

Bewegung

Bartosch, Holle: *Frauen laufen anders.* Econ Verlag, Berlin

Bös, Prof. Dr. Klaus.: *Walking und sanftes Lauftraining.* GRÄFE UND UNZER VERLAG, München

Grillparzer, M.: *Mini-Trampolin.* GRÄFE UND UNZER VERLAG, München

Roberts, M.: *Bodystyling.* Dorling Kindersley Verlag, Starnberg

Hilfreiche Adressen

Verband für Unabhängige Gesundheitsberatung (UGB)
Sandusweg 3, 35435 Wettenberg/Gießen
www.ugb.de

Deutsches Institut für Ernährungsforschung
Arthur-Scheunert-Allee 114, D-14558 Bergholz-Rehbrücke
www.dife.de

Verein für Unabhängige Gesundheitsberatung – Österreich
Wald 15, A-6416 Obsteig
www.ugb.at

Verein für Unabhängige Gesundheitsberatung – Schweiz
Seewadelstraße 7, CH-8444 Henggart
www.ugb.ch

Internet-Links:

Hier finden Sie Aktuelles zu den Themen Ernährung, Gesundheit und Fitness:
www.was-wir-essen.de
www.foodwatch.de
www.wissenschaft.de
www.slowfood.de
www.die-glyx-diaet.de
www.lifeline.de
www.fitforfun.msn.de

Sachregister

Über die Autorin

Marion Grillparzer ist Diplom-Ökotrophologin und ausgebildete Journalistin. Sie lebt in München, arbeitet als freie Journalistin und schreibt seit vielen Jahren für verschiedene Magazine. Sie ist mehrfache Buchautorin mit den Schwerpunkten Ernährung und Gesundheit.

Zusatzrezepte: Martina Kittler

Wichtiger Hinweis

Die Vorschläge des vorliegenden Buches wurden sorgfältig recherchiert und haben sich in der Praxis bewährt. Alle Leserinnen und Leser sind jedoch aufgefordert, selbst zu entscheiden, ob und inwieweit sie die Anregungen aus diesem Buch umsetzen wollen. Autoren und Verlag übernehmen keine Haftung für die Resultate.

Bildnachweis

Fotoproduktion (und Foodstyling): Studio L'Eveque, Tanja & Harry Bischof

Weitere Fotos:
GU: U4 (T. Roch), Seite 17 (C. Teubner), S. 26 (T. Roch), S. 28 (T. Roch), 32 li.;
Gettyimages: Seite 14 re. unten;
Jalag: Seite 14 li. oben, S. 38;
Jump: Cover, Seite 8;
Privat: Seite 12 (P. Schleicher), S. 18 (K. Kleeberg), S. 19 (C. Lohse);
Stillsonline: Seite. 14 li. unten, 14 re. oben, 14 re. Mitte;
Stockfood: Seite 11;
Zefa: Seite 3 unten

Impressum

Programmleitung: Ulrich Ehrlenspiel
Redaktion: Lea Hoy
Lektorat: Petra Casparek
Bildredaktion: Henrike Schechter
Satz: Dorothee Griesbeck, Die Buchmacher, München
Layout: independent Medien-Design; Claudia Hautkappe
Umschlag: independent Medien-Design
Herstellung: Gloria Pall
Lithos: Fotolito Longo, Bozen
Druck/Bindung: Alcione, Trento

ISBN (10) 3-7742-8873-9
ISBN (13) 978-3-7742-8873-7

Auflage	4.	3.	2.	1.
Jahr	09	08	07	2006

GRÄFE UND UNZER

Ein Unternehmen der
GANSKE VERLAGSGRUPPE